救救孩子的惡視力

小小低頭族的護眼之道

視力保健專家
梁智凱醫師
—— 著

推薦序一／5

推薦序二／7

自序／9

序章　螢幕時代來臨，螢幕世代接招／13

Part 1

小小低頭族，螢幕叢林危險知多少？／19

第1章　電子保母，從小培養近視的搖籃？／20

❶情非得已的電子保母？／20

❷全世界人類的視力在惡化中！／26

❸近視就是瞇瞇眼？／33

❹眼睛的體質大解析／42

❺近視形成的原因：用進廢退，適者生存？／50

❻近視不是病？小小年紀真要命！／57

第2章　數位時代的用眼守則！／65

❶完美近視論？／65

❷數位時代的學習方式／73

❸增進視力健康的3C產品／78

contents

Part **不再沉默的眼睛，螢幕光害知多少？**／139

第 4 章　當眼睛對螢幕上了癮！／140

❶ 你的眼睛累了嗎？眼睛也有爆肝指數！／140

❷ 電腦視覺症候群？有這種病嗎？／148

❸ 電腦族如何保護視力？／154

❹ 螢幕時代的護眼之道／162

第 3 章　螢幕世代如何培養完美近視？／93

❶ 眼睛健康的存款：戶外運動、望遠活動、飲食營養／93

❷ 眼睛健康投資項目：良好姿勢、充足照明／99

❸ 假性近視的好朋友：散瞳劑／108

❹ 不想點散瞳劑行嗎？／115

❺ 小朋友眼鏡的選擇新主張：看遠看近，不能一副搞定！／123

❻ 定期檢視眼睛健康存摺：決定護眼模式／130

❹ 親子如何「悅」讀電子書？／82

❺ 進退兩難的電子教室／87

第5章　眼睛紅通通，鬧水荒！／171

❶ 你的眼睛有多乾？九十％和使用螢幕相關！／171

❷ 乾眼症的迷思／177

❸ 戰勝乾眼症有祕方！／183

❹ 眼科醫師教你挑對隱形眼鏡克服乾眼症／187

第6章　不能說的祕密：眼睛的初老症狀！／193

❶ 你的眼睛有多花？看遠看近傻傻分不清楚！／193

❷ 老花眼的迷思／198

❸ 看遠看近，可否一副搞定？眼科醫師教你聰明配好眼鏡／201

❹ 將老花眼藏起來的方法／208

附錄　梁醫師角膜塑型健康教室／215

推薦序一

隨著電腦及智慧型手機的快速發展，使用者每天看電腦或手機螢幕的時間增加，卻常常忘記讓眼睛休息，因而產生了「電腦螢幕症候群」，不僅影響眼睛的健康，也降低工作品質與效率。所謂「電腦視覺症候群」乃長時間使用電腦螢幕，造成眼睛及身體的不適，例如：眼睛疲勞、痠痛、乾澀、眼睛發紅、流淚等，甚至近視度數不斷增加、視力模糊、重影、調節困難等情形。此外，也會引起肩頸痠痛不適，或是發生「腕隧道症候群」，造成手指麻痛僵硬等。醫學上的研究顯示，每天只要平均使用螢幕二小時以上，就有五十％以上的機率發生「電腦視覺症候群」。因此，在這個「螢幕世代」的人們，不能不重視這個新興的「職業病」，更需要了解「護眼之道」。

梁智凱醫師是一位資深的眼科專科醫師。除了深厚的眼科專業診療經驗外，他於近五、六年來，浸淫於視力保健及近視防治的鑽研，在忙碌的醫療工作之餘，利用工作閒暇，將多年累積的經驗加以整理，寫成這本圖文並茂的新書。

本書除了介紹電子產品對眼睛所造成的影響外，並針對一般人關於近視、假性近視、角膜塑型術、乾眼、老花眼等疑惑提出解說；此外，於視力保健基本概念、數位時代的用眼原則、親子閱讀電子書的學習方式，加以深入淺出的說明。本書在視力保健的衛教方面相當有助益，除嘉惠眼疾病人外，對於一般民眾而言，本書也是一本相當實用的護眼保健之作。非眼科醫師的讀者更可以藉由此書初窺眼科醫學領域之概況。

欣見梁醫師新書問世，爰綴數語以為序。

臺北醫學大學眼科教授暨學科主任

中華民國眼科醫學會第十三屆理事長

許紋銘謹識

中華民國一〇二年元月

6

推薦序二

我國學童近視比率偏高，一直是社會關注的議題。雖意見紛陳，但大多認為與升學壓力沉重，學童花太多時間努力讀書有關。隨著大學入學管道的多元化，及超高的大學錄取率，相信已相當程度的減輕了中小學生的課業壓力。但反觀小一入學新生的近視比率卻從一九九五年的一成三左右，躍升到二○一○年的二成多，而高中三年級學生的近視率更已超過八成，難道是我們的學生比以前更用功讀書嗎？本書作者以眼科醫師多年的臨床觀察，提出了精闢的分析。原來3C時代的來臨，3C保母、低頭族等的生活模式，是重要成因之一。原因知道了，但3C產品又不能不用，要怎麼辦？可喜的是本書提供了3C愛用者實用的護眼之道，是一本值得大眾閱讀的好書。作者梁醫師在繁忙的臨床工作下，熱心撥冗著此書，充分顯現出他做為一個眼科醫師的社會責任感，及對年輕世代視力惡化的憂心忡忡。本書雖是一部眼科醫學保健的專業著作，但梁醫師卻能以通俗易懂的文字及圖示，使讀者在輕鬆閱讀中，又能獲得專業般的眼科醫學知識，殊屬難得。

本人有幸在出版前先行拜讀，深覺本書平易近人，既能教導讀者視力不正常的各項成因，更提供了簡單易行的視力保健方法，可說是一本老少咸宜的精心著作，謹此為其著序。

長庚大學醫學院講座教授、副校長兼教務長
陳君侃謹誌
中華民國一〇二年元月

自序

自從我成為一名眼科醫師以來，最關心也最感興趣的就是「視力保健」這項課題了。視力保健在眼科的領域中，算是最粗淺、最入門，但是卻和最多大眾的生活息息相關的一門學問。

好比我們整天提在嘴邊的近視、遠視、散光、老花，大家都知道、都聽過，卻不懂到底是什麼意思。也因此，好事的我，要常常在診間畫圖，比手畫腳的講解這些最基本的觀念。不過，奇怪的是，這麼簡單的觀念只要搞懂弄通，患者或是小朋友的家長，眼神就從滿臉狐疑不信任，變成我的好朋友或是「忠實客戶」。

有鑑於此，我就越發不可收拾的在這方面努力，甚至開了只關注視力保健一項議題的網站，為了回報大家的關注，不時將自己行醫的心得感想上網寫下，經營多年，每天都有一〜二百位人次造訪。同時，從當眼科住院醫師開始，我就經常至學校演講視力保健相關課題。老師聽多了換學生聽，高年級聽過了換低年級聽，只要有時間，幾乎來者不拒。聽眾打瞌睡了，就把內容再改一改。多年下來，似乎也有

了那麼一點心得。連三～六歲的小朋友也願意聽我講視力保健的故事，知道某些不好的用眼習慣可能會讓巫婆把人變近視的詭計得逞！

不過看看我們近視盛行率的統計數據，再看看診間裡越來越多的患者，都讓我對我們的視力保健工作越來越感到懷疑。究竟是我們做的努力不夠，還是另有原因？為什麼視力保健的成效總是不夠顯著呢？

視力保健的宣導活動參加多了，在眼科診間裡對家長解釋多了，才發現還有一塊視力保健工作領域尚未被重視強調，那就是從小觀察兒童眼睛發育的狀況，給予適當的發展環境。同時，被家長問多了可不可以這樣那樣，我發現如何決定給予孩子的各式教養環境，竟然可以和孩子眼睛的發展環境相互結合。

舉例來說，我自己的小孩三歲左右就被我抓來驗光，了解他的眼睛體質後，我就可以選擇適當的幼教體系，並決定是否需要某些課後學習。同時，面對現代越來越多的 3C 產品，也可以此決定使用的年齡是否適當。對現代的父母來說，我認為是非常實用的指引。

因此，時報出版社的李采洪總編向我邀稿時，著眼的不是一般眼科書籍由醫療觀點出發的角度；這本書不一樣。因為我是一位眼科醫師，了解我們眼睛的運作，

同時也是螢幕世代中的一員，經常使用時下流行的 3C 產品，而為人父母的我，當然也擔心孩子在這樣的環境下成長所受到的影響。這本書裡的知識能幫助我在生活中可以健康的使用這些產品，也幫助我決定該如何讓小朋友使用這些產品，這些知識對我很有用，我相信對你也一樣有用！

本書將透過淺顯的解說與適當圖形的說明輔助，幫助我們進一步了解眼睛與視力等抽象的概念。第一部將由小朋友的眼睛的健康發育著眼，談談如何面對螢幕世代的生活，藉由視力保健目標的重新設定，更合理的融入螢幕世代。第二部則介紹家長本身容易遇到的用眼問題，以及眼科醫師對驗配日常使用的眼鏡與隱形眼鏡時的建議。

感謝為這本書寫推薦序的許紋銘教授，他是過去我在臺北榮總時期領導我、教育我的好長官；陳君侃教授則是過去我在長庚大學求學時照顧我的師長。同時感謝臺北榮總眼科李鳳利主任、我的患者名人家長賈永婕小姐願意大力推薦；更感謝亦師亦友的敏盛醫院眼科賴威廷主任的提拔與支持。當然，也不能忘了內人——劉怡廷醫師的鼓勵與校稿。

感謝時報出版社能讓視力保健的話題跨出診間、網站、教室，到達一般人生活

的周邊。希望本書能做為現代人或是摩登爸媽對於小朋友的用眼指引，那麼視力保健的工作，就真的由小到大，進入你我周遭的生活。我想這比我在診間或是教室碎碎念，要來得更深更廣，也造福了更多人。

序章

螢幕時代來臨，螢幕世代接招

眼科診間裡，坐了一位三十來歲的電腦工程師，每到傍晚，他發紅的雙眼就像抗議每天十多小時守在電腦前面的生活，總是要不斷眨眨眼才能看得清電腦螢幕，彷彿總有灰塵留在上面。同事們常要他工作不要太過勞累，小心爆肝。

我很想告訴他這是典型的電腦視覺症候群，其實只要注意幾個簡單的步驟就可以大幅改善他不適的情形，不過多數人似乎只要確定自己的眼睛沒什麼大問題就好，並不想深入了解如何改善這些症狀。

同樣的，一對夫妻帶著近視的小孩來看診，因為小孩愛玩手機與平板電腦而互相指責。對於要不要點散瞳劑以控制近視，更是各執一詞。眼看著僵持不下，我只好出面充當和事佬，建議先點藥效較輕的藥水觀察看看，讓大家冷靜冷靜。奇怪的是，小孩居然又不慌不忙的拿手機出來玩，當場真讓我傻眼，額頭上出現三條黑

線，再加上兩隻隱形的鳥飛過去。

螢幕時代已經來臨，身處螢幕世代，這些大大小小的螢幕對我們的影響越來越大。二十多年前我念大學時，阿諾主演的《魔鬼總動員》（*TOTAL RECALL*）就已經震撼了我。那時影片預示的未來螢幕世界，現今已真實的發生在你我周遭，隨處可見的螢幕牆，無孔不入的進入我們的生活。

誰有辦法不受這樣環境的影響呢？

「低頭族」或是「滑指族」成為大眾交通工具上的新現象；人際的交往與維持要靠臉書；查知識要靠專業的網站或部落格；新聞或簡訊總是自動的送到你的手機；每天的行事曆與筆記要靠一個個App。讓人真有點懷念以前那個奪命追魂「BB叩」的時代，除了簡單，還有251314的字謎可以猜。

不過時代總是變了，前進了。各大廠牌新手機、平板電腦機種的發表占據了新聞重要版面，與螢幕相關的各項產品，已是我們很重要的核心產業。連到未來住宅的樣品屋裡參觀，科技化的螢幕也出現在流理臺、冰箱、洗臉臺上。

未來，運用Google應用擴增實境技術（Augmented Reality），透過眼鏡的螢幕就可以隨時進行導航、語音簡訊、拍照與視訊通話，虛擬與真實將逐漸融合，界限

不再明顯。

據統計，二○一二年美國的智慧型手機市占率已經逼近五十％，市調機構尼爾森的調查更顯示：超過五成的美國媽媽們擁有智慧型手機。大陸智慧型手機用戶數超過一．三五億，且正在快速增加中，而臺灣的智慧型手機用戶也已超過四百萬。

因此，你的小孩從小就會接觸到智慧型手機與電腦設備。而進入到學校體系後，傳統的黑板與書本也逐漸消失，被一個個電視螢幕、投影螢幕、電子白板、電子書包取代。亞洲國家中，泰國政府已斥資十六億泰銖為師資較缺乏地區的小一生每人配備一部平板電腦；韓國政府將在二○一五年全面實施以電子教科書取代紙本教科書教學；臺北市政府也宣布在一百學年度起，以三年的時間逐步推廣電子書包。

世界各地數位化的浪潮方興未艾，波及的層面既深且廣。

以紙本書為例，雖然自二○○二年以來，人們的閱讀量一直在提高。且從二○○九年到二○一○年，圖書銷售金額仍增加了超過三％，但美國第二大的連鎖書店 Borders 還是在二○一一年倒閉了；英國近兩年來也有五千家實體書店關門；臺北市重慶南路的書店街逐漸凋零，老字號的儒林書店也吹起熄燈號。為什麼這些書

店撐不下去呢？因為網際網路的發展改變了人們的購書與閱讀習慣，同時電子書的市場逐步在擴大，現在走進美國最大連鎖邦諾書店，店門口除了排行榜新書，還擺著一部自家的電子閱讀器 NOOK。

生活中充斥越來越多的 3C 產品，讓大人們習慣盯著螢幕看，小朋友更是有樣學樣、習以為常。上餐廳用餐的一家人埋首在螢幕世界中，小朋友放學後的娛樂可能是連線遊戲裡的虛擬世界。這不僅對他們的身心造成巨大影響，同時也將大幅改變他們的人際溝通模式與面對真實世界的態度。許多家長和我都對這些現象感到憂慮，當人們面對危險，生理上的反應就是「戰或逃」（Fight or flight），但我們能逃到哪裡呢？

由於逃無可逃，現代人的用眼習慣已經導致了許多文明病的發生：眼睛提早老花的年輕工程師、整天與「乾眼症」為伍的上網族。更誇張的是學童的近視比率仍不斷提高，二○一○年國民健康局最新調查顯示，幼稚園中班的近視率為五‧九％，大班為九‧四％，夠人緊張了吧！

面對這一波波的變化，有沒有更聰明的方法，讓我們適應這個螢幕時代巨大的變遷？

因為長期關注視力保健，讓我有機會從醫學、生物學、演化學的角度來觀察科技的變化對眼睛健康造成的長遠影響，進而思索面對不斷前進的科技產品，是否有更好的選擇？

因此本書將要把我在診間來不及或是講不清楚的部分，用最淺顯易懂的方式與你分享。讓你了解現代眼科醫學如何看待這些電子產品對我們的眼睛所造成的影響，進而擁有適當的觀念與簡單的做法，聰明合理的利用這些科技產品，並做好視力保健的工作，維護下一代與自己眼睛與身心的健康。

身為螢幕世代的一分子，你準備好接招了嗎？

Part 1

小小低頭族，
螢幕叢林危險知多少？

第1章

電子保母，從小培養近視的搖籃？

❶ 情非得已的電子保母？

現代的爸媽真難為，工作忙，經濟負擔又重，很多時候想想擺脫童言童語的干擾，擁有一點自己的時間，真的很難不把身邊的 3C 產品「分享」給自己親愛的下一代。

在過去，小孩哭鬧不休的時候，大人們會塞顆糖給小孩吃。現在可以吃的東西雖然多了，但大人們知道糖果吃多容易蛀牙，於是選擇給孩子 3C 產品。不僅快又有效率，維持的時間又長。久了、習慣了，甚至連老爸老媽都可以不要，只要給孩子一部 iPad 或是電子遊戲機就好。

有時大人們有家事要忙，希望小孩坐著不要亂動，會開著電視或電腦給他們

看，久了、習慣了，孩子就總是坐在螢幕前面，叫他們也不太回應了，或是眼睛繼續盯著看，隨便應個兩聲敷衍了事。

坐在車上時，大人們若希望小孩不要亂吵、亂動，就會開車上的小螢幕給他們看，保證安安靜靜，久了、習慣了，小朋友一上車就會要求看節目。咦？不是全家出遊欣賞風景嗎？不看窗外，看車內的小螢幕，那幹嘛出門？現在油錢很貴耶！

上班族平時都是外食便當或是邊開會邊吃飯，難得有機會上館子，想不受干擾的品嘗食物的原味，偏偏小孩又在旁邊搗蛋。算了，智慧型手機拿出來「分享」最實在，所以全家吃飯時，每個人都埋首在一方螢幕小天地處理自己的事情，彼此絕不會互相干擾。久了、習慣了，吃飯也就真的只是吃飯而已，不再特別談心或溝通了。

不得不承認，我對上述的這些事情也有經驗，有時真的也很想一直這樣做。還好身為眼科醫師的我，多知道了一些可能的問題，給了我一些抗拒的力量，而不會只看這些產品帶來的好處。不然，成為雇用3C保母家長中的一分子，只是遲早的事。

在現代的家庭生活中，3C商品已經逐步取代過去二十年電視機擔任保母的單

一地位。尤其是近幾年逐漸流行的智慧型手機與平板電腦，由於操作門檻降低，因此越來越多的兒童也可以輕易的使用。根據二○一二年我國兒童福利聯盟公布的十二歲以下兒童使用3C產品調查報告，對於這些產品的使用有「低齡化」、「保母化」與「成癮化」現象。同時，這也是全世界父母的憂慮。

讓這些大大小小的螢幕代替我們擔任保母，究竟有沒有什麼明顯的壞處呢？有的，而且還真不少，例如：

● 根據多數的醫學研究證實，兒童在這些3C產品前的久坐行為與兒童肥胖相關，因此若讓小朋友長期接觸3C產品，也會影響其成年後的健康狀態。

● 過早接觸3C產品容易導致長大後注意力不集中，這是由於畫面快速變動，造成無法養成思考的習慣。

● 多工環境造成接收的資訊過多（如同時使用手機、平板電腦、電視），也是造成分心、無法專注於單一事情的原因。

● 長時期接觸3C產品對心理健康有不良影響，且若沉迷於與實際互動有極大差別的網路交流，容易影響未來的人際關係。

小一近視率

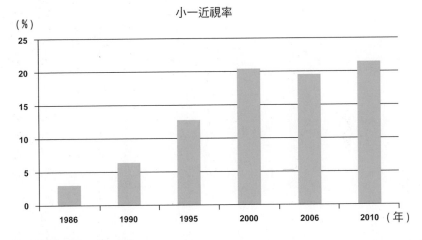

小一新生近視比例增加圖

最嚴重的，就是小朋友視力不良的比例。根據衛生署委託臺大醫院對全國學校的調查，臺灣學童一年級新生的近視比例，由二十多年前的二十一‧五％，增加到二○一○年調查時的二十一‧五％。也就是說，每五個小一新生就有一人罹患近視。你想想，這麼高且逐年上升的近視比例是怎麼來的呢？太小就開始接觸這些產品，長期近距離的視覺刺激，絕對是催化近視的搖籃曲。

雖然，在現實的生活中，真的很難完全避免孩子接觸到這些３Ｃ產品，但還是必須為孩子定下使用的規則。即便是再好的東西，若是不當使

用，對人也可能造成傷害，就如水能載舟亦能覆舟。因此，充分了解適當使用的規則非常重要。千萬不要以為小朋友跟我們一樣，我們可以用，他們也照樣可以，這絕對是錯誤的觀念。

美國兒科醫學會建議：二歲以下的小朋友不要使用任何的３Ｃ產品，兒童一天使用螢幕的時間總共不超過兩小時。同時該會也主張：

一、父母要清楚規定能夠使用螢幕的時間，以及何種螢幕在何種時間是可以使用的，並利用定時器執行這些規定。

二、定下當這些規則不被遵守時，會有何種後果。（例如：一週不可以使用。）

三、在兒童自己的房間內不要有電視或電腦的存在。

四、鼓勵兒童從事其他活動，戶外運動、社團活動與學習、一般非螢幕類的遊戲等。

父母在使用這些產品時，應該清楚知道其發明是為了大人使用而設計的，由於成人身心發展已經成熟，因此不容易造成過多不良影響。小朋友則不同，我們提

供給他們的環境模式、學習態度與生活經驗，將大大影響他們快速發展中的身心健康，造成許多始料未及的後果，因此不可不慎重。父母使用這些產品的態度，將決定小朋友使用這些產品的方式。若父母是當用才用，並非無時無刻一抓到空檔就拿起來做自己的事，小朋友自然也不會輕易沉迷在各式各樣螢幕的世界中。

此外，對忙碌的現代人來說，親子時間是相當寶貴的，除了可以彼此面對面的溝通，增進了解，也可以利用時事及發生在辦公室的事，甚至是周邊當下的人事物，隨時隨地做言教與身教的親子討論，將自己的價值觀與想法傳達給下一代，並鼓勵他們也可以擁有自己的想法。

平時出去吃飯或聚餐，只要利用一些巧思，就可以讓小朋友玩得不亦樂乎，例如：在小朋友出外的背包裡準備白紙與畫筆，吃完飯後小朋友就可以利用時間畫圖，天馬行空的發揮想像力與創造力。或是請朋友輪流帶著小朋友一起玩，現代人因為小孩生得少，家中的孩子多半是獨生子女，利用機會學習與其他小朋友的相處之道並學會分享，絕對比大家一起盯著螢幕看要好得多。

當必須使用 3C 產品時，父母應盡可能陪伴孩童一起使用，過濾孩子接觸到的內容，並規定適當的使用時間，就能享受現代科技帶來的資訊便利，卻不至於影響

孩童人格與學習方式的培養。對於經常使用 3C 產品的小朋友，醫學研究也顯示，只有父母親與孩童之間產生真實的連結關係，才能改善這些兒童對電子產品成癮的症狀。父母與子女應共同討論這些產品可能的影響，培養可以讓孩童參與的其他活動，比起採取類似密碼鎖的強制手段，孩童的接受與配合度更高，較不會被視為一種懲罰而效果不佳。

總而言之，使用 3C 產品當保母，雖然方便有效，但只能是偶一為之的手段，千萬別讓 3C 產品取代親職，成為小朋友產生依附關係的主要對象。仔細想想，雖然這樣可以節省一些時間，但相對於以後要處理小朋友可能產生的人際關係、溝通認知、身心健康等種種不良習慣的問題，花費更多的時間、精力與金錢，做爸媽的還是認命點，放下「手機」跟「平板電腦」，立地成「孩子的父母」吧！

❷ 全世界人類的視力在惡化中！

因現代人的用眼習慣而造成的眼睛疾患，以近視最為普遍，普遍到大家都見怪不怪，反而覺得不近視的人比較罕見。

二〇〇八年全球近視發生率

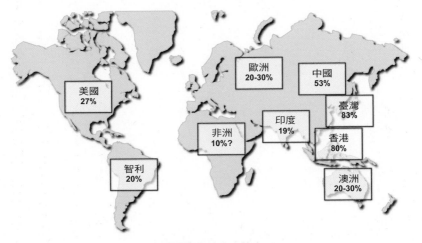

地區	比例
歐洲	20-30%
中國	53%
美國	27%
臺灣	83%
非洲	10%?
印度	19%
香港	80%
智利	20%
澳洲	20-30%

近視影響全球十六億人口

臺灣人近視的比例相當高，很多人在成年後的近視度數仍在增加中。近視問題是臺灣特有的，還是舉世皆然？我們可以來看看二〇〇八年統計全世界近視的比例圖，美洲、歐洲及澳洲約二十～三十％，臺灣、香港則超過八十％，很顯然，亞洲地區的近視比例遠高於歐美等地。

雖然因種族與文化上的差異，導致不同地區的近視比例不同，但是，和過去相比，如今全世界近視的比例都持續不斷增加，也就是說，全世界的人視力都越來越差。

以各國流行病學的研究為例：

一、澳洲的 Melbourne Visual Impairment Project 研究報告認為，當地原住民近視率是上世紀的四倍。

二、瑞典學童近視率由二十年前的十～十五％增加為四十九％。

三、香港理工大學視光學院的林小燕教授研究發現，香港華人四十歲以上近視率低，四十歲以下近視率達七十一％。

四、新加坡一九六〇年代學童近視率為三十～四十％，現在十八歲以下民眾的近視率超過八十％。

五、日本的研究報告顯示，由一九八四至一九九六年，學童近視率由四十九％增加至六十五％。

而臺灣整體的近視情形有多嚴重呢？看看左邊這張知名的圖表，這是在衛生署與臺大醫學院的主導之下完成的六次全國性詳細調查，就公布在國民健康局的網站上。從本圖可以看出幾個重點：

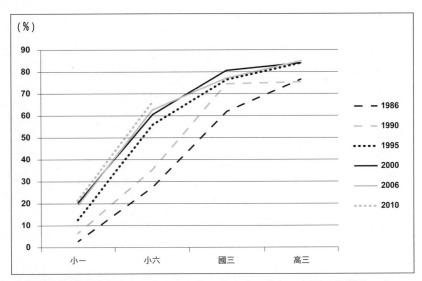

臺灣學童近視盛行率（由一九八六年起，至二〇一〇年，每隔五年統計一次，二〇一〇年資料只公布到小六）

一、臺灣人的近視率超高，一九九五年後，高三時的近視比例已超過八成。（在世界上不是數一也是數二，所以臺灣過去有近視王國、眼鏡王國的稱號，也算眾多奇蹟中的其中一項。）

二、近視率在過去二十多年來呈現節節上升的趨勢。

三、更可怕的是小一的近視率不斷增加，由二十六年前的三％，飆速上升至超過二十％。

四、這幾年近視率雖不再大幅增加（或許已到了極限？），但平均近視度數仍在上升。

而根據二〇一〇年國健局最新調

查，幼稚園中班的近視率為五・九％，大班為九・四％。鄰近的香港同樣有很嚴重的近視問題，近十年來香港幼稚園兒童近視率調查，在一九九六～一九九七年，近視率只有二・三％，但第二次（二〇〇六～二〇〇七年）的調查，近視比率已增加至六・三％。

臺灣的近視大調查也顯示出城鄉之間的近視率差異原本相當明顯，代表著都市化與教育程度的差距懸殊。這在其他國家的調查也是如此，例如：越南最近的調查近視率為城市二十六・三％、鄉村八・八％。但這項城鄉差距的指標近幾年因為生活水準普遍提高而逐漸減少。若將臺灣視力不良比例最高與最低的縣市拿來比較，民國九十四年小學階段差距為二十七％，國中階段差距為三十二％；但是到了民國九十九年，小學階段差距縮小為二十四％，國中階段差距縮小為二十六％。

臺灣人口的高近視比例，除了反映在隨處可見的眼鏡行之外，身在眼科門診處感受更深，尤其是開學季節一到，診間內便暴增許多因學校視力檢查不合格，而須醫師複診的學童。

臺灣的近視問題有三大特色：

一、近視比例高。

二、近視度數深。

三、近視發生時間早。

許多家長問我，為什麼臺灣的近視問題會這麼嚴重呢？我只好很無奈的回答，臺灣真是「幸運」，容易造成近視的因素全都有了。例如說：「種族」，根據研究，中國人與日本人是最容易近視的種族。還有「文化」，雖然繁體中文是世界上最優美的文字，卻也是最繁複的文字，中國北京的徐廣第醫師曾提及，使用新華字典時，要看清楚「囊」字所需要使用到的眼睛調節力，是「王」字的五‧五倍。

除此之外，擁擠的水泥叢林，過多的補習與課業壓力，過少的戶外活動，高度現代化、螢幕化的社會等，都讓近視在**遺傳與環境交互作用**的結果下發揮到極致，自然我們的近視率要居高不下了。

而由於近視不斷年輕化，造成近年來高度近視的比例也不斷上升，在臺北榮總進行的石牌地區研究就指出高度近視患者的黃斑部病變是中老年人視力障礙原因的第二位。中國北京地區的研究也有相同結論：高度近視的患者有一％到三％的機率

造成視網膜剝離。我國視網膜剝離的盛行率約為歐美國家的四‧八倍，主因就是有太多的高度近視患者了。

多數無奈的家長們因為不知道如何掌握視力保健的關鍵，也對於現代醫學治療的方式充滿疑惑。今天聽阿嬤嘮叨怎麼替小朋友戴上了眼鏡，明天聽鄰居說點眼藥水會有副作用，後天聽眼鏡店員講近視治療沒有效果等，造成對醫療信心大失。放牛吃草的結果，往往造成小朋友近視度數不斷快速增加，等到近視很深了，才又趕快回來就醫，希望得到治療。

看著許多稚齡的小朋友飽受近視之苦，看著許多家長因孩子近視度數不斷上升而憂心，以及多數人對於護眼常識的不足、對於醫療方式的誤解。我希望本書能以簡單明瞭的方式，清楚介紹現代醫學對於近視這個全人類的重大問題的看法與有效的預防保健方式，更把臺灣眼科醫師們長期投注在近視控制治療上的經驗，全面與大家分享。

近視已經是世界上先進國家重要的公共衛生問題，影響了世界上超過十六億的人口，而且還在快速增加中。我們下一代眼睛的健康，多數都和近視這件事息息相關。在現代化的社會中，不管城市或鄉鎮、國內或國外，近視率都不斷提升！想要不被這

麼高的近視率影響眼睛健康，絕對有必要徹底了解近視發生的原因與防制之道。

❸ 近視就是瞇瞇眼？

很多家長都收到小朋友在學校裡檢查後的視力不良通知單，就很著急的以為小朋友近視了，或是看到小朋友看電視時瞇眼歪頭，也會懷疑孩子是不是近視了。

視力不良就是近視嗎？瞇瞇眼就是近視嗎？要回答這兩個問題，應該先了解幾個背景知識。

首先，什麼是近視呢？大家都知道，近視眼就是遠處看不清，但近的物體看得清楚。一千四百年前，隋代巢元方所著的《諸病源候論》就已經提及「目不能遠視」。明朝稱此病為「覷覷眼」，就是瞇著眼睛看東西的意思。清朝《目經大成》亦提及近視者「行坐無晶鏡，白晝有如黃昏」，說明當時已使用眼鏡來矯正視力。而英文中的近視（myopia）源於希臘文（myopos），其中字首為 myein，表示閉闔，而字尾 opos 代表眼睛，也是形容瞇起眼睛的狀態。

許多人都看過小朋友罹患近視後會瞇起眼睛看東西，就如古代醫書形容的一

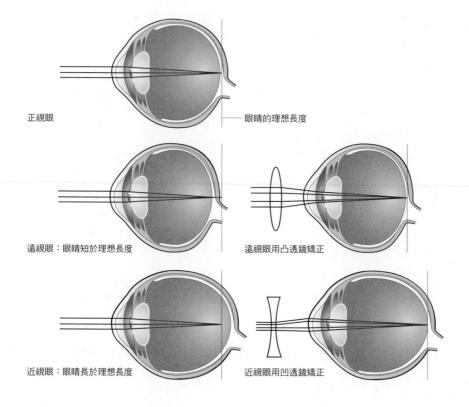

正視眼

眼睛的理想長度

遠視眼：眼睛短於理想長度

遠視眼用凸透鏡矯正

近視眼：眼睛長於理想長度

近視眼用凹透鏡矯正

正視眼、遠視眼、與近視眼的比較

樣，可是真要問原因，恐怕沒多少人曉得。在臨床上，家長們更是似懂非懂，近視、遠視、散光全部混在一起，聽不懂醫師到底在說什麼，只知道好像都很嚴重的樣子。因此，容我稍稍說明一下「近視」和「遠視」的差別。

想像我們的眼睛是一部光學相機，這部相機在發育完成時，若看遠方物體時，可以正確清楚的對焦在底片上，就是所謂的正視眼（眼睛適當的前後軸長度約二十三～二十四公釐）；小朋友出生後因為個體很小，這部相機還未發育完全，因此機身較小（眼軸較短），我們稱作遠視眼，光學的矯正上需用凸透鏡加強聚焦力，才能將遠物聚焦在底片上；相對的，若小朋友眼睛的發育已經超過所需的適當大小，造成相機機身較長（眼軸較長），就是所謂的近視眼，矯正上需先用凹透鏡將光線發散後重新聚焦。所以簡單說，近視、遠視與正視都是指眼睛長度的變化。通常多數小朋友出生後會呈現遠視，隨著年齡增加，眼睛逐漸變長的過程，即所謂「正視化」，一旦發育完成，卻受到過度近距離的刺激，眼軸就逐漸增長而產生近視。

千萬不要被「遠視」字面上的意思給混淆了，遠視並非一般人誤以為的「遠方看得清楚，近處的東西則模糊」，遠視眼由於看遠與看近都需要調節，因此在不調節的情形下是看遠也不清楚，看近也不清楚，必須使用凸透鏡增加調節力以聚焦。

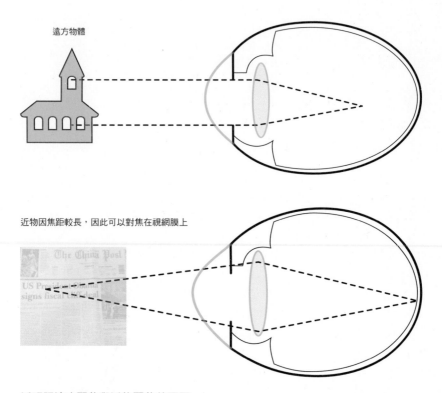

遠方物體

近物因焦距較長，因此可以對焦在視網膜上

近視眼遠方聚焦與近物聚焦的不同

近視眼相當於眼睛太長或是光線聚焦的能力太強，在還未到達視網膜前就已經聚焦，因此正確的矯正，是使用適當度數的凹透鏡先將光線發散，再重新會聚，就能將焦點後移至在視網膜上，正確成像，恢復視力。

但為什麼近視時，遠的東西模糊，而近的東西可以清楚呢？

由於近視眼的視覺狀態就是指平行光線經過眼內聚焦構造（鏡頭）後，形成影像的焦點在視網膜（底片）的前方，因此遠景是模糊的。但近物因為光學上焦距較長，剛好可以在底片上形成清晰影像，因此看近的東西較清楚。

通過鏡頭中央軸線上的光，在光學上並不需要折射，因此不受眼睛度數的影響。所以看不清楚時，只要瞇起眼睛，造成所謂「針孔效應」（pin hole effect），只留下中軸的光，就可以看得清楚。有近視的讀者可以試試看，拿一張紙，中間用筆心戳一個小洞，將眼鏡摘掉，透過這個洞看外面的東西，是否變清楚了呢？

門診中，一位九歲的吳小弟初診近視已三百度，且目前正使用藥水控制近視。

我看了一下，吳小弟並沒有戴眼鏡，心裡覺得有點奇怪，因為吳小弟很高，按理說應坐在教室後面，有三百度近視的他視力應該不足以看清黑板上的字，眼睛會瞇得很厲害，怎麼還沒有戴眼鏡呢？

原來媽媽為了不要讓他戴眼鏡，從購物臺買了一款類似蒼蠅眼的神奇眼鏡，據說戴了以後就可以看得到，而且因為眼鏡是黑色不透明的塑膠片，所以比較不畏光。

哇！若是第一次聽到這種蒼蠅眼鏡的妙用，應該會很心動吧！不過，這樣的眼鏡其實是利用了針孔效應的障眼法，雖然可以看得到，但不具有真正矯正視力的效

果。也因為擋住了許多光線，所以比較不畏光，並非真的可以過濾紫外線，也不具有保護眼睛的效果。使用這樣的眼鏡，僅能說明父母不願正視小朋友已經近視的事實，對小朋友的近視控制與視覺品質沒有任何幫助。

了解了針孔效應後，就會知道只要瞇起眼睛，不論近視、遠視、散光等屈光不正對眼睛的影響都可以消除。甚是有些不愛戴眼鏡的老人家，為了不戴上老花眼鏡，看近物也常常瞇著眼睛看東西。

有些家長擔心瞇著眼睛看會造成近視的增加，事實上**瞇眼視物是結果而不是原因**，通常是因為近視已經達到一定程度而看不清楚，才會瞇著眼睛看東西。而近視本身就是一個會逐漸增加度數的過程，瞇著眼睛看並非是近視度數增加的原因。許多人會提醒或是斥責小朋友，希望小朋友不要瞇著眼睛看東西，其實這對減少近視度數是毫無效果的。因為當屈光不正達到一定程度，看不到又希望看到時，唯一的方法就是瞇起眼睛來看。此時必須交由醫師決定目前屈光不正的狀態是應該使用藥物治療或是配鏡矯正。

順便再提及大家容易搞混的散光。散光與眼球前後長短無關，而是與眼角膜（黑眼珠前的透明聚焦構造）的形狀有關。若眼角膜呈現像籃球一樣的正球形，

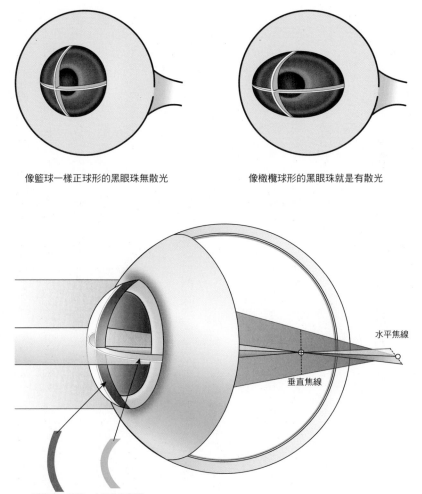

像籃球一樣正球形的黑眼珠無散光　　　　　像橄欖球形的黑眼珠就是有散光

水平焦線

垂直焦線

垂直方向角膜　水平方向角膜

散光指的是角膜的橫軸與縱軸曲率半徑不同，造成光線通過眼角膜後，不是聚成一個焦點，而是兩個焦點，所以看東西會不清楚。絕大多數人角膜上都具有一些散光，沒有散光的人其實占少數，因此不必過度擔心。

就是沒有散光，若呈現橄欖球形，就是有散光。

家長們聽到自己小朋友有散光時，往往會不敢置信的問：「怎麼可能？是怎麼得到的？」所以門診時我花在解釋散光的時間往往比真正嚴重的近視問題要來得多。因為家長都以為只要是看東西散開來、不清楚就是散光。事實上這是錯誤的觀念。只要是屈光不正，即使是近視，因為無法完全對焦，看燈光也會散開來的。因此還是需驗光矯正後才能確定。

只要了解散光的定義，就不會被這個既熟悉又陌生的字眼嚇一跳。你可以這樣想像，由於散光就是指眼角膜的外形不完美，因此它有幾個重要的特徵：

一、它是先天的，也就是遺傳的，就像小朋友的臉形長得像爸媽一般。

二、它不太會變化，不會過一陣子就變成另一種形狀。就像小朋友的鼻子長得很挺，不會過一陣子就變塌，因為外形就是如此，散光也是一樣。

三、雖然它不太會變化，但小朋友從小到大，外貌仍然會有些許改變，而這樣的改變全寫在他的基因裡，並不受外界控制，就像我們沒辦法知道小朋友會長多高一樣。因此散光隨著時間仍然會有些許變化，但多數人並不會有

過大的變化，因此不必過度擔心。

散光的成因是由於黑眼珠的外形不是正球形而是橢圓球形，屬於外形上的不完美，要修正外形上的不完美，必須經由手術才能改變，就如同鼻子若不夠挺，想要挺一點可以考慮隆鼻一樣。但在接受手術之前，該怎麼辦呢？如同我長得不夠高，想要看起來高一點，可以穿高一點的鞋子一般，散光眼在光學上的矯正是使用柱狀鏡來修正，讓兩個不同軸度的光線聚焦在一起，以眼鏡來補償這樣外形上的不完美。

由於散光不會像近視一樣快速增加，因此僅需觀察它的變化即可。同時，對於有過敏症狀的小朋友，會建議盡量控制過敏與揉眼睛的情形，以避免長時期的外力搓揉，造成角膜外形改變，導致散光增加。若散光真的在短時間內快速增加，則必須請醫師另外檢查眼角膜是否有特殊疾病造成的變性。

小朋友配眼鏡做視力矯正時，若散光度數較高，通常會建議也將散光加以矯正，以避免因散光造成的影像不清，進一步造成近視度數的增加。

❹ 眼睛的體質大解析

另一個要了解的背景知識，就是「視力」與「度數」的分析。這兩個看似簡單的觀念，家長經常是混淆的。以下便要釐清「視力」與「度數」的概念。

視力好就是看得很遠，如同我們所說的千里眼，可以將遠處的物體清楚的分別出來。因此它是一種能力的展現，就像我們說這個小朋友，可以跑很快一樣。視力要好，牽涉到幾個重要的因素，例如：眼睛本身的結構，包含正確的聚光能力、視網膜細胞的密度（如同相機的像素多寡）等。正常人的眼睛結構可以看到視力表一‧○以上，有些人甚至可達二‧○。眼睛結構的不同也會有不同的視力表現，例如：老鷹，估計可擁有五‧○的視力，因此在高空飛翔時可以精準看到叢林中奔跑的小獵物。另一個重要因素則是大腦的解析力，故而藉由訓練可提升弱視患者的視力。

只是當小朋友在不同地方檢查出來的視力值不一樣時，家長常會有滿肚子的疑惑且感到無所適從。

我通常會請家長這樣理解：比視力表是一種能力的展現，可能會受到環境的影響，不會完全穩定。這就相當於請小朋友跑一百公尺，他們在不同的場地、不同

的跑道、今天有沒有吃飽、是否專心、旁邊有沒有其他的干擾等因素下都會影響成績。例如：今天測量視力的阿姨（或姐姐）很兇、或是父母在一旁盯著看時發出唉聲嘆氣的聲音，或大聲喝斥「看不清楚不要亂比」，或是小朋友已經習慣性的瞇著眼睛看東西，這些都會在一定程度上影響小朋友比出的視力值。

不過眼科醫師仍會以經驗判斷眼睛整體的情形與比出這樣的視力值合不合理，若不合理，有時會請小朋友專心再比一次，或是請爸媽不要在一旁干擾，有時還要經過數次的回診，小朋友已經對環境與人事較熟悉與安心後，才能得到較為正確與穩定的視力表現。

有時小朋友眼睛狀況不錯，並沒有特別的問題，但視力表就是比不好。我通常會請小朋友試著猜猜看，並請他放心，猜錯也不會處罰。因為某些家長要求小朋友不確定就不要亂猜，或是小朋友很怕犯錯，不是很確定就不敢比。其實視力測量的真正用意是分辨 C 或 E 視標缺口，而不是將視標看得非常清楚，只要能感覺出視標缺口朝向哪邊，就可以試著比出來。孩子不敢比，就像你警告小朋友跑步時一定要跑第一名，小朋友若沒有把握，很可能就放棄不跑了，這樣往往會造成治療上的干擾，特別是在弱視治療上判斷是否視力已經進步時。這時我會和家長說明，請他

們鼓勵小朋友勇敢猜看看，比完後，家長常會發現小朋友的視力早就進步了，只是「不敢比出來」而已。

那麼，度數又是什麼呢？

度數與視力可不一樣！**度數指的是眼睛目前的大小與形狀**。還記得前文所講的正視、遠視、近視嗎？當眼睛是正視眼時，測量上光學狀態會呈現〇度，即不需要任何的眼鏡矯正。若是遠視，則矯正上需用凸透鏡，遠視度數越多，代表著需要的凸透鏡曲折力越強，相對就是指眼睛的長度越短。近視度數越多，則用來矯正的凹透鏡發散力越強，相對就是指眼睛的長度越長。

因此，遠視或是近視的度數可以大略當作眼睛長短的一個指標，類似身高體重的測量。相似的，散光的度數則可代表黑眼珠橢圓的程度。

也就是說，依照驗光時所得的度數，可以配出一副適當的眼鏡，以補償眼睛因外形上長短不適當或是角膜不是正圓形，所導致的光學上的不完美。戴上眼鏡後，因正確聚焦了，就可以擁有如正常人一‧〇的視力。對於眼睛度數上的測量，臨床上有數種方法，由於電腦科技的進步，一般多使用電腦驗光機，是相當方便的參考。

不過，測量度數時仍需考量到眼睛的調節力。調節是指眼睛在看遠與看近時，眼睛內部鏡頭——也就是水晶體的變化。

理論上，正確的度數是指眼睛放鬆時的光學狀態，常人在測量時多少都會存留一些調節度數，而醫師或視光師常會利用醫學或光學上的方法，估計真正的度數，以做為配鏡的參考，不能直接以電腦驗光的度數套用在配鏡上。

小朋友在測量度數時，必須到眼科診所或醫院進行檢驗，不能貪圖方便，只到眼鏡行驗一下就決定。主要原因就是小朋友眼睛的調節力過強，眼睛內部的調節肌肉不容易呈現放鬆狀態，往往會有偏多的假性度數存在，一般驗光往往會涵蓋小朋友這部分的度數，所以必須藉由藥物作用，將小朋友的眼內肌肉放鬆後，才能測得精確的度數。也就是說，小朋友測量度數時就像穿了很厚的衣服來量體重，並不準確，必須先將厚外套脫掉再測量。而多數成人因為調節力已經減弱，測量度數就像穿著薄衣量體重，影響不大，在多數情形下不需先點藥再測量度數。

通常醫師在判斷小朋友目前眼睛的情形時，會參考散瞳前後的兩種狀態。雖然眼睛真實的情形必須看散瞳後的度數，但了解沒點藥前的眼睛呈現何種度數，較容易掌握眼睛是否用眼過度。

另外，很多人會問：「究竟視力與度數哪一個較準？哪一個較重要？」以眼科醫師的觀點，測量視力較為主觀，屬於能力的展現，變動因素較多；測量度數比較客觀，屬於形狀的檢查，不易受外界環境影響，但兩者用意不同，所以都是必備的評估項目。

另一個家長常問的問題是：「究竟比出來的視力代表多少度數？」這就像是問：「十五秒跑一百公尺的小朋友身高體重是多少？」同樣是無法回答的。因為視力不好的原因可能包括遠視、近視或是散光等不同的光學狀態，測量度數時還要考慮眼內肌肉的調節，還有前面曾提過，視力的展現也牽涉到大腦的解析能力。國外有一派學者號稱可以藉由眼球訓練，近視也不必戴上眼鏡。坊間有許多視力回復中心，也宣傳可以將眼睛調整為正常。讓人聯想到古代中國少林寺武功中也有訓練千里眼的項目。其實在醫學上，這都是在訓練大腦的解析能力，即所謂神經視覺訓練。但即使這些運動或是練習是真的，小朋友近視了也不需戴上近視眼鏡，但近視度數仍會再加深，通常練習之後「感覺」視力有進步，一段時間之後測量，近視度數仍然增加了，代表眼睛仍在拉長。眼睛增長後，就如同吹氣球一般，會造成視網膜變薄退化，因此這些號稱能讓視力回復的方法無法避免高度近視眼睛退化的後果，所以不

46

兒童專用標準視力表（Lea's Chart）

是視力保健的正確觀念。

通常眼科醫師評估小朋友眼睛的發育是否正常，需要知道視力是否跟著年齡一起適當發展。醫學研究上，嬰兒在出生數天後就能辨別母親的輪廓，一歲時大約有○‧二的視力，四歲左右會比視力表時能發展到至少○‧七以上，五歲時應至少至○‧八，六歲至少為○‧九，七歲以上就能達到一‧○。

不過臨床上，仍需要使用視力表來量化評估。多數的小朋友在三歲半到四歲之間就能學會如何使用目前的 C 字型視力表或是 E 字型視力表來測量視力。美國有兒童專用標準視力表（Lea's Chart），可以將視力測驗的年齡提早至三歲，因為兒童比較容易辨認簡單的圖形。

四歲以上的兒童最佳視力值通常最少約為○‧七，若達不到最低的視力標準就有弱視的可能，必須請醫師進一步評估原因。

一旦明白視力與度數所代表的涵義，並定期請眼科醫師檢查小朋友或是你的眼睛，就可以了解目前眼睛的發育狀況，將更清楚知道後續視力保健的步驟，或是用眼時的活動安排。

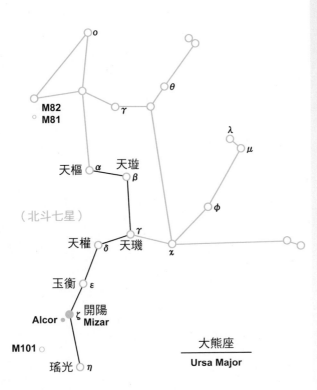

o

M82
M81

θ

γ

λ

μ

天樞 α 天璇
β

φ

（北斗七星）

γ

天權 δ 天機
χ

玉衡 ε

開陽
Alcor ζ Mizar

M101

瑤光 η

大熊座
Ursa Major

古時候判別視力是否優良的方法，是看你能不能辨認出北斗七星斗柄末端算來的第二顆星「開陽星」及其旁邊的輔星。近代學者的研究顯示，能將這兩顆星（Mizar and Alcor）辨認出來，就相當於辨認視力表時一‧〇的視力。

❺ 近視形成的原因：用進廢退，適者生存？

為什麼從小長期近距離的視覺刺激，容易使小朋友提早近視呢？

我們已經知道學童會發生近視就是眼球的前後徑逐漸變長了，就像小木偶的鼻子一樣，或是你可以想像成吹一個長型的氣球。醫學上稱之為「軸性近視」。

上世紀初期，近視還被認為與身高體重相同，都是遺傳來的，因此也沒有什麼預防或治療上的必要，只要配一副眼鏡戴上就行了。但近來全世界快速增加的近視比例與越來越多的科學研究，讓科學家們重新認定近視是基因與環境交互作用造成的結果。

舉例來說，五十多年前生物學家楊格（Francis Young）觀察到，愛斯基摩人的父執輩近視率很低，而進入美國教育體系的年輕一代近視率卻突飛猛進，因此他懷疑近視並非遺傳的。一九六一年開始，他又做了有名的小猴子近視試驗，將剛出生的小猴子分為三組，一組在野生動物園裡自然成長，一組飼養在動物實驗室裡，另一組則關在四十公分見方的籠子裡，周圍蓋上布幕，使其眼睛無法望向遠方。長期觀察一至二年，試驗結果相信你可以猜得到，自然環境下成長的猴子沒有近視，實

驗室的猴子有少數近視，關在布幕中的猴子大部分變成高度近視。

這引發了其他科學家的興趣，因此近視的動物試驗模型紛紛被建立，包括猴子眼瞼的縫合試驗，遮蔽視線改變視覺輸入的訊號後造成近視；小雞的眼罩試驗，發現低亮度容易造成近視；給小雞戴凹透鏡會誘發近視，戴凸透鏡則會產生遠視，散光也會誘發近視等等。

動物試驗外，普遍性的醫學研究發現，人類的近視與種族差異、環境視覺壓力、教育程度、父母近視比例、近距離用眼均相關。某些基因研究在家族遺傳性近視扮演一定角色，但目前仍沒有找到決定性的基因，因此近視仍被認為是受到諸多基因的影響。而透過對雙胞胎的遺傳研究，認為臺灣的高近視比例在成因的比重上，遺傳占了三成影響，七成由環境主導。

形成近視的學說很多，而我最贊同的理論就是「**近視就是眼睛適應環境的結果**」。

嬰幼兒時期眼睛通常較理想長度短，大家應該已經知道，眼睛若較小，光線聚焦的焦點大過於眼睛能聚焦的長度，焦點會落在視網膜（眼睛底片）的後方，就是我們定義為遠視的眼睛。但眼球在生長過程中是逐漸變長的，就像吹一個長型的

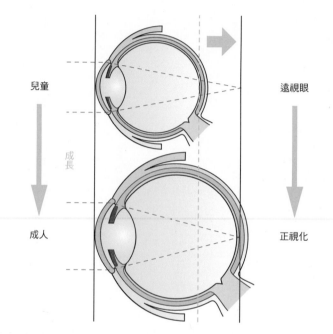

兒童

遠視眼

成長

成人

正視化

兒童視力的正視化過程

氣球一般。新生兒平均長
度十七釐米，快速增長到
三歲時平均二十二釐米，
而後慢速增長到十四歲如
成人眼球大小約二十四釐
米。一般遠視的眼睛，在
沒有調節時，看遠近的東
西都是模糊的，因此需要
凸透鏡幫助矯正。不過眼
睛內部有一個天然的凸透
鏡——即水晶體，嬰幼兒
水晶體的調節力很強，就
是用來補償看遠看近眼睛
所需的調節，隨著年齡增
加，調節力會降低，與眼

睛增長逐漸配合，這個增長的過程就是由「遠視」導向「正視化」。

理想眼睛的設計以望向遠方最為輕鬆自然，不需要調節；但在看近物時，眼睛的水晶體就必須調節。若是小朋友眼睛生長發育正視化的過程中，極少接觸戶外遠方環境，都是待在家中，或是大量使用電視、電腦、手機螢幕，由於這時小朋友調節力極強，近物看多了就會造成調節肌肉的痙攣，不容易恢復成放鬆狀態。這就是小朋友看東西的明視距離開始由無限遠調整成近距離的第一步，因此誘發眼球過度前後生長，也就是「軸性近視」。

當眼球變長時，因為光學上焦點的關係，近物變成似遠處物體，不再需要調節。例如：當近視二百度時，眼前明視距離的遠點不再是無限遠，而是變成五十公分，五十公分處的物體原本需調節才看得清楚，現在不需調節了。而近視三百度時，眼前明視距離變成三十三公分內，三十三公分處的物體被當成是遠物，因此不需調節可以清楚看到。近視演變的過程就是將遠點由遠調到近，將不需調節的最遠明視距離逐漸縮短，代表著眼睛適應外在環境，把人類在遠古時期生存最有用的看遠能力，調整成在現代社會中最有用的看近能力。

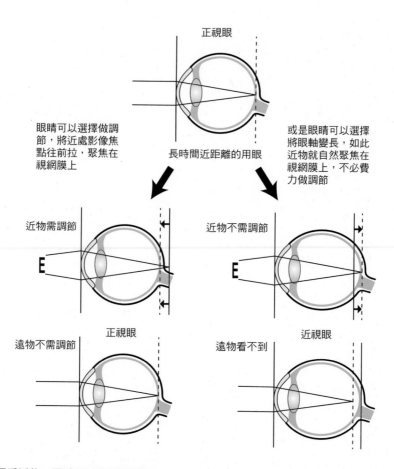

要看近物，眼睛可以有兩個選擇，一種是動用自己的調節力聚焦，或是將眼軸拉長，近物就可以自然聚焦在視網膜上。

＋ 梁醫師小百科

所謂明視距離，代表著眼睛可以舒適看東西的距離。正常人的明視距離在不需調節時，遠點為無限遠。近視的人遠點在不需調節時，是近視屈光度的倒數。例如：近視為一百度時，屈光度為-1.0D（負號指近視），明視距離的遠點為 1/1＝1 公尺，就是一百公分。當近視兩百度時，遠點變成 1/2＝0.5 公尺，因此變成眼前五十公分。眼前五十公分以外即超過明視距離，所以模糊不清。

也就是說，眼睛的調控機制，將近距離誤認為是生存環境需要的遠距離，自動調整的結果，造成了軸性近視。所以，小朋友的近視是誰造成的呢？當然是他們的環境提供者啊！

想到這裡，連我都嚇出了一身冷汗，沒想到小朋友的近視是自己製造出來的！

小朋友出生後，也沒附說明書，誰知道會這樣呢？原來，近視真的是「視近」造成的，這與父母從小為小朋友提供的環境有莫大關聯。

以前說，「近世進士盡是近視」，而現代是「近世近視盡是鏡視」。原因都相

同，其實就是人類身上的器官用進廢退、適者生存的最佳寫照。有人說：「奇怪？

我鄰居家的小朋友整天打電動、看電視，也從來沒近視啊。」確實，對於近視眼，

仍有少數人可以例外，這些人不知該說是幸運或是「不正常」，在眼睛適應近距離

環境的機制有問題，或是有某些保護作用，就是不會近視。我的同班同學與醫院同

事，也有少數幾位沒有近視，但絕大多數人（該說是正常人嗎？）都受到這個機制

的影響，所以造成目前臺灣普遍近視比例這麼高的現象。

因此本書的重點，在於特別強調：**近視的預防應該從出生後就開始，由小朋友**

眼睛發展的培育期就開始注意周遭環境，才能遏止目前居高不下的小一近視比例。

我也要呼籲重視小朋友視力保健的家長們，小朋友進入幼稚園才開始的學校視力檢

查是不夠的，那時才發現視力不良往往為時已晚。家長們需要更清楚的知道小朋友

眼睛的狀態與變化，必須與眼科醫師合作，監測小朋友眼睛發育情形是否不正常或

是過快，以提早預防近視的發生。

❻ 近視不是病？小小年紀真要命！

近視是一種病嗎？相信很多人都不這麼認為吧！

不過，現代的眼科醫學卻認為近視是一種疾病，主要是因為近視一旦在小朋友的階段發生，度數就會快速增加，必須要成年後才會穩定下來。

看看另一個猴子的近視試驗：讓幼猴長時間觀看電視一年，猴子一年後開始近視；停止觀看電視兩年再測量，猴子近視度數依然快速增加，不會停下來。

很不幸的，人類也一樣，小朋友的近視一旦發生，就會一直快速增加。年紀越小，近視度數增加的速度越快。

我們來看看臺大的統計數據，這是當近視發生後，每年的平均增加速率：

● 小一至小三：一百至一百二十五度

● 小四至國三：七十五至一百度

● 高中：五十至七十五度

● 大學：二十五至五十度

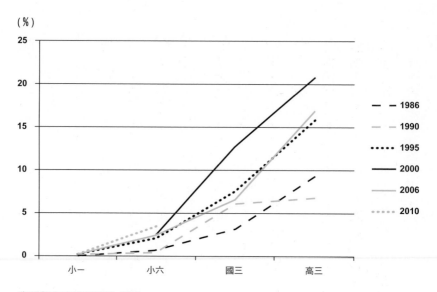

(%)

我國學生高度近視比例圖

圖例：
- - - 1986
- - - 1990
···· 1995
—— 2000
—— 2006
···· 2010

簡單的算法，小一至國三，平均一年可以增加一百度，同時近視的度數是不斷累積的，也就是說，若小一開始發生近視，按照自然增加的速率，國中三年級就會逼進或超過九百度，成年後超過一千度並不是罕見的事。依醫學上的定義，近視超過六百度以上就是高度近視，所以我國目前高度近視的比例有多少呢？

根據國民健康局的資料，目前我國高三學生高度近視的比例已經達到十五％～二十％，與新加坡差不多，國外的報告如瑞典最近的調查，高度近視率僅約二·五％。

多數人還以為這沒什麼關係，因

為長大可以做雷射近視手術，做完之後就沒有度數了！這樣的觀念真是大錯特錯。

因為雷射近視手術只能修正眼角膜曲度，以達到不必戴眼鏡的目的，但整個眼睛仍然是高度近視的眼睛，該有的退化一樣也不會少！那麼，高度近視又會造成什麼問題呢？

問題可多了，想像一下一個越吹越長的長型氣球會發生什麼事？眼軸拉長了，會造成所有眼內組織均發生退化：惱人的飛蚊症、無奈的視網膜退化、無情的黃斑部病變、無聲無息的視力殺手青光眼、人不老珠卻黃的白內障，以及最恐怖的視網膜剝離等，通通都來報到了。

我們知道，水晶體有調整作用，能使遠近物體適當聚焦。同時它還有另一個功用，就是吸收大氣光線中較高能的紫外線，才不會傷害眼睛內部精密的底片構造──視網膜。所以年老時，上了年紀的水晶體除了代謝變差，也因為長期接受紫外線照射而無法再維持透明的結構，逐漸形成混濁，也就是我們常聽到的白內障。

而高度近視的人，因為眼睛提早退化，一般人約六十歲以上才開始出現的白內障，高度近視患者有很多在四十歲就開始發生了。

梁醫師小百科

一般的白內障，由外觀是無法直接看出來的。大家誤認的白內障，經常是黑眼珠旁白白的一圈，眼科醫師稱作「老人環」，這是一種角膜隨著年齡增加正常的退化。白內障是水晶體成熟後變成完全白色的混濁，就像其英文命名 "cataract" 一樣，指的就是「白色的大瀑布」。

由於目前白內障的手術十分成熟與進步，因此眼科醫師均不建議白內障拖到完全成熟再動手術。理由是現代手術進步，傷口小、恢復也快。若等到白內障完全成熟，水晶體反而太硬，將增加手術難度與風險。

目前白內障的手術方式是以一支類似原子筆的探頭，由透明眼角膜的邊緣進入眼睛前端的水晶體，利用超音波將混濁的水晶體震碎後吸出，手術的入口已經可以做到二釐米甚至更小至一‧八釐米。由於傷口非常小，恢復極快，手術後隔天若不明言，幾乎看不出來眼睛昨天才接受了白內障手術。水晶體移除後，接下來要放置人工水晶體，現代的人工水晶體進步飛速，不僅可摺疊後透過小切口置放入眼內，而且已經有抗高能藍光保護視網膜，或是針對高度散光矯正與多焦點老花眼矯正的特殊人工水晶體，可進一步提升手術後的視覺品質。

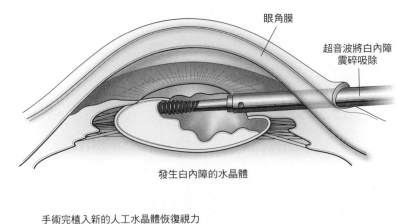

眼角膜

超音波將白內障
震碎吸除

發生白內障的水晶體

手術完植入新的人工水晶體恢復視力

植入人工水晶體的白內障手術

水晶體調節後，光線進入眼球的後半段，這是一個由鞏膜與脈絡膜形成的暗室，類似相機的機身。形成鞏膜的是不透明的白色緻密狀纖維，也就是我們的眼白，而裡面的脈絡膜富含血管與黑色素，除了可以供應養分給視網膜神經細胞，也吸收了大部分眼內散射的光線，幫助成像。

在這個暗室的中央有個組織叫作玻璃體，類似一塊透明的果凍，其體積可以支撐眼球的形狀，具有彈性，可以吸收外界的震動與力量，以保護眼球內的精細結構。當高度近視或是眼睛過度疲勞發生退化，這一整塊的膠狀物內就會有雜質出現。這些在玻璃體內的雜質常會跟著眼球轉動而移動，影響視野的清晰程度，形成了我們常說的飛蚊症。

一般來說，多數的飛蚊症都屬良性變化，雜質在眼前飛舞雖然很惱人，但也不至於影響視力，因此多數眼科醫師認為一般的飛蚊症並不需要特別處理。眼科醫師要求點散瞳劑以檢查飛蚊症的原因，主要還是在於必須確認這些雜質的出現究竟僅屬單純的退化造成，還是因為眼睛內部有出血或是發炎而造成的。若是有不正常的病理變化，將影響到最精密的視網膜神經細胞，造成視力的損失，就必須考慮進一步治療。

眼球最內部，好比相機感光底片的部分，就是我們的視網膜。視網膜上有一億兩千五百萬個桿狀細胞，能幫助我們處理黑白顏色，負責我們的暗視力。另有七百萬個錐狀細胞可以處理我們所看到的明亮程度、形狀與色彩。這些錐狀細胞主要集中在黃斑部，是處理我們中心視力最重要的地方，也是所有外界光線成像的焦點處。

因此高度近視或是年老時發生黃斑部病變，將會嚴重影響看東西的視力，同時造成事物扭曲變形而無法分辨。黃斑部病變因為影響的範圍僅在中央的黃斑部，周邊視野並未受到影響，不會完全失去視力，但困擾的是所有日常生活中需要精細眼力的活動，例如：閱讀、寫字，甚至辨認臉孔等都大幅受到影響。這樣的疾病在過去是無法治療的疾病，只能任由視力逐漸惡化。現代由於發現了抗新生血管藥物與特殊的雷射治療，可以阻止不正常的新生血管滲漏進一步破壞黃斑部，使得這樣棘手的疾病也有了治療的希望。

而高度近視由於眼軸拉長，視網膜層也跟著變薄退化，常會形成破洞。由於視網膜如同壁紙一般浮貼在眼球壁上，一旦有破洞，若加上因退化產生的玻璃體液化，水由破洞灌入，視網膜就會像翹起的壁紙般剝落。視網膜剝離後得不到血液供

63

應與適當養分交換，很快就會失去功能，因此視網膜剝離是眼科的急症。

視網膜細胞成像後，會藉由光化學與電學的反應，由超過一百萬條視神經纖維束將訊號傳送到大腦整合形成視覺。由於某些人體質的關係，眼內壓力不能平衡，造成眼壓過高，高眼壓會傷害脆弱的神經纖維束，使其逐漸萎縮，就形成所謂的青光眼。而高度近視也是青光眼的危險因子。

因此，**本書強調的觀念是，不要太早發生近視。**因為近視會不斷累積，越早發生的近視變成高度近視的機率越高，相對的，眼睛產生各種退化與病變的機率越大。若小朋友的近視在國小高年級以上或國中才逐漸發生，在現代醫學有效的控制之下，變成高度近視的機率相對較低，因此聰明的家長們應該要有對小朋友從小就開始做視力保健的觀念！

第2章

數位時代的用眼守則！

❶ 完美近視論？

身為一位專心從事視力保健工作的眼科醫師，深深覺得在現代社會教大家不要近視實在太難了，乾脆教大家「如何近視才健康」還比較有可行性。

這不是突發奇想。在從事視力保健工作十多年後，我真的覺得，「如何近視才健康」可能才是一個現代人面對視力不良這件事的適宜態度；想要完全不近視，反而對小朋友、家長、整個社會都是莫大的壓力！

試想，我們的視力保健工作已經進行了這麼多年，由學校的全面視力檢查到眼科醫師的治療，由教育當局的重視到醫療單位的呼籲推廣，到了現在，我們的視力不良情形到底是比較好了，還是越來越差？

如果努力之後並沒有改善，除了努力不夠之外，有沒有可能是我們正在對抗一個不可能改善的情況？有沒有另一種思考是，也許近視是正常的、是自然的、也是應該的。既然一定會發生，那麼努力的方向若改為「如何發生比較好」，或許我們更可以看到成效，壓力就不會那麼大了。

這種情形真的很像教育問題。究竟小朋友某方面學習不好，我們是應該拚命加強他弱的地方，把時間都花在這上面，還是想辦法找出他好的地方，將寶貴的時間投資在他擅長的地方？我小的時候，老爸常告訴我：「人一能之己百之。」意思就是勤能補拙，努力就會有收穫。不過，在我當了醫師、看過太多人的多樣性之後，我認為，雖然努力會有收穫，但努力錯了方向，即便有收穫，也失去了很多很多。

或許，爸媽的工作是在幫小孩找到正確的努力方向，而不是只告訴小孩：沒有成功是因為你努力不夠。

傳統觀念的視力保健，目標是大家都認同的「不要近視」。守則告訴我們看電視、電腦每三十分鐘要休息十分鐘，看書、寫字與離電視、電腦距離要多少多少，每天早睡早起，多做戶外活動，望遠凝視等等，這些大家都知道，但光線要充足，真的很難做到。

66

傳統的視力保健觀點並沒有錯，但目標設定不恰當，無法符合現代人的需求。新的視力保健觀點顛覆了一般人的想法：近視並沒有錯，完美的近視甚至對現代人有好處。

對現代人來說，想要不近視真是不可能的任務，不過要擁有現代人的完美近視，確實有一些竅門！你或許會想，近視就是近視，小朋友戴上眼鏡真是糟透了，一點都不方便，變成俗稱的「四眼田雞」，哪有什麼完美近視呢？

當然，由這個角度看，確實是如此。不過在臺灣，到了高三，八十五％的學生都有近視。連我也不期待我的小孩不會近視。但是在眼科醫師的看法中，近視當然還是有好的與不好的區分，只是你不知道而已。

真的嗎？沒錯，本書就是要顛覆傳統觀念！輕度的近視對現代人而言真的還不錯，尤其是近視三百度左右，真是完美的度數！套用第五節「近視形成的原因」所介紹的明視距離與遠點變化理論，近視三百度就是最不費力（不需眼睛費力做調節）的視覺狀態，明視距離輕鬆落在眼前三十三公分處，這是人類最常用的閱讀距離，自然可以閱讀或是使用較長時間不易疲累。也就是說，眼睛度數的變化其實是適應了外在環境。即使使用現代的電子化設備時，眼睛也輕鬆不需調節，的視覺狀態，明視距離與遠點變化理論，近視

另一項大家都沒想到的優點則是：終身不需戴老花眼鏡。你會想怎麼那麼好？

其實也是相同的道理。之前提到過，老花眼就是指眼睛的調節力衰退了，人類近距離用眼約三十三公分，所需要的調節力就是三百度左右。補償調節力使用的是凸透鏡，而調整近視眼使用的是凹透鏡，這三百度的凹凸透鏡可以中和，因此只要近視在三百度左右，這輩子需要的近距離用調節力就有了，只要閱讀或是使用電腦時將近視眼鏡摘掉就好。而完全沒有近視的人，由於到了四十歲左右眼睛的調節力不足，近距離視物的困難度大增，常常連吃飯的飯粒都看不清楚，看化妝品的小字時眼睛瞇得厲害，有些人索性連報紙都不看了，常需要看螢幕的人往往將字體放到最大還是常覺得眼睛痠脹疲勞，必須戴上老花眼鏡方能解決這些問題，所以在每個人都需要配眼鏡這方面還是滿公平的。

原來真的有適合現代人生活的近視度數啊！但到底要怎麼做，才能培養出完美的近視呢？想要有完美的近視，也不是非常簡單的事，就像要擁有完美身材需要努力一般。因為現代社會近距離的事物太多，稍一不慎，近視提早發生了，就容易超過低度近視的範圍。

因此第一步，應該先了解小朋友眼睛發育的情形，這可以藉由眼科醫師幫忙，

以清楚掌握小朋友度數的變化來得知。雖然學校有視力檢查，但其用意僅在提醒家長及早注意學童視力不良的情形，仍應轉介眼科醫師詳細檢查，因為眼睛度數的變化代表著眼睛發展的趨勢。

例如：小朋友的視力一‧○就是正常沒有問題嗎？這也不盡然。舉例來說，兒童正視化發展過程中，其度數的變化，通常由遠視逐漸往○度趨近，一段時間後開始往近視二十五度、近視五十度趨近。在○度附近，視力值通常都是一‧○。因此可以說，若前年是遠視五十度，去年變成○度，今年測出近視五十度，這三年當中學校的視力檢查均合格，但真實的情形是，小朋友的眼睛可能已經悄悄形成近視了。

若能每三個月至半年，定時至眼科診所或是醫院，進行散瞳後的度數檢查，並將此數值記錄在「眼睛度數發展評估表」做比較，就能一目瞭然的了解目前眼睛發育的情形。

本表有一些特點：首先，依照基隆長庚醫院過去曾做過的研究，以及國內臺大醫院專研近視的施永豐醫師的建議，眼球的理想長度的終點很可能並非我們一般認為的○度，而是輕度遠視五十度，若度數開始小於這個數值，就應當密切注意小朋

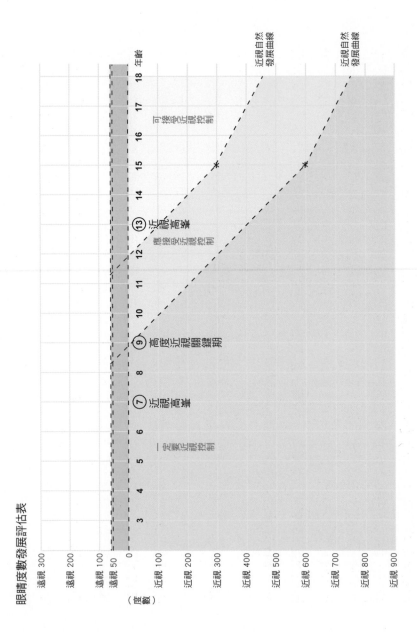

眼睛度數發展評估表

友的眼睛是否往近視變化了。

其次，根據臺大醫院的統計，小一與國一是臺灣的兩個近視高峰，推測可能是因為小一開始學寫字，而國一則課業壓力大增。因此表中在七歲與十三歲時特別標明「近視高峰期」記號，提醒家長注意。避免變成高度近視的關鍵在九歲，此時有一個每年增加近視一百度的發展曲線做為警戒線，線的左邊為深綠色區塊，屬於極容易發展為高度近視的警戒區，線的右邊為淺綠色區塊，則是屬於接受近視控制後，不易發展為高度近視的較安全區域。

由於高三以上近視率已高達八十五％，沒有近視的人已非常少，因此可見**近視真的很難避免，但應盡量使近視不要太深。**

本書一再強調讓近視不要太深的關鍵在於不要過早近視。因此，表上占最多的區域為深綠色的警戒區都位在年齡較小的時候，此時必須非常注意小朋友眼睛變化的情況。我認為小三（九歲）是關鍵期，若能將近視延緩至九歲以後，發展成高度近視（超過六百度以上）的可能性較低。若配合現代眼科醫學的治療，更可能將近視的增加控制在每年五十度內。所以若能在學童近視最容易快速增加的六年之中（小學四年級至國中三年級），將近視適當控制在三百度附近，就形成我說的完美

近視。

最右邊的淡綠色區塊則是眼球適當的發育終點。兒童眼睛的發展在十五歲後通常逐漸趨向穩定，因此適合現代人度數發育的終點可以是沒有度數或是輕度近視三百度左右。

我大約國一開始近視約一百度，當時並沒有接受治療，因此按照近視正常發展的速度，到了大學後穩定時近視為四百多度。我的太太則是小學二年級開始近視，到了國三為六百多度，大學後穩定時已成為九百度的大近視眼。

有了這張眼睛度數發展評估表，可以清楚掌握小朋友目前眼睛的情形。把小朋友因年齡小所具有的輕度遠視當作他們目前的財產，遠視能保持時間較長當然比較理想，不會太快近視。一旦年齡小卻遠視降低太快，就需要特別警戒，並檢討小朋友用眼情形，改善用眼環境。那麼了解完美近視的觀念後，又該如何運用在螢幕叢林中現代家庭的生活上？

❷ 數位時代的學習方式

我常常被問到：數位生活的學習方式究竟會不會傷害小朋友眼睛的健康呢？

這是一個很大的問題，回答簡單的「Yes」或「No」都不太恰當，還是要看小朋友本身的體質，與成長過程中度數上的變化來決定，這也是培養「完美近視」的應用。

這個時代有很多令人愛不釋手的新3C產品，很多時候是大人自己想玩、想擁有，若可以順便幫助孩子學習，就更有購買的理由了！要是能利用這些產品開發孩子的無限潛能，豈不是現代人的幸運之處？

在逛商場的時候，常會看到一幅畫面：負責講解3C產品的銷售人員因為有業績而笑得很開心，小朋友們在螢幕前玩得很高興，家長則因為小朋友的學習情緒高昂，心情也跟著一起愉快了起來。多好啊！這樣的三贏策略！

身為現代人，有很多跳脫傳統的學習方式，教材內容也包羅萬象。精彩又好玩的設計，常常令人大開眼界！同時，身為地球村的世代，資訊流動快速又容易，若不用現代的科技輔助，小孩恐怕就要輸在起跑點上了。

不過，是不是所有小朋友都適合這樣的學習方式？難道只要軟體的內容按年齡做調整，不論何種硬體形式，小孩會玩就可以給他玩？

我們先來看看以 3C 產品幫助學習這件事，在小朋友發展上面的意義。

許多數位化產品都強調可提供互動式的學習，但是離真正的互動其實還有一大段距離。因為真實的互動是一個循環溝通的過程，彼此輪流聆聽、思考與陳述。而數位化互動遊戲的設計，通常是希望引人入勝進而玩不釋手，不一定以達到學習效果為最優先目標。

而且，現代神經醫學的研究顯示，學習與教育需要多面向的均衡發展，並隨著小朋友年齡的增加，給與適當的刺激。兒童大腦的神經連結上有其發育的關鍵期，因此在適當時期注意小朋友各種感官的發展，才是幫助小朋友學習的最佳之道。

例如：孩子出生後的前幾年，大量的、說得較慢的媽媽語，對幼兒學習語言就有極佳的幫助。如果只聽 CD、電腦模擬的人聲或只看電視，效果恐怕不好。

孩子的感官知覺更需要聽見聲音、品嘗味道、碰觸實體、感受各種軟硬粗細冷熱等感覺，才能適當發展。例如：球類、積木、黏土，能幫助孩子發展觸覺感知，如果只當個動動手指的滑指族，恐怕達不到這個目的。

除了螢幕中的遊戲外，幼兒仍需要跑、需要跳、需要攀爬以及與父母同伴的肢體接觸，逐步發展大小肢體的熟練動作。使用螢幕進行遊戲，感官經驗有過於單一的問題。

兒童也必須學習與人互動，應對進退、解決問題。若長期遨遊在虛擬的世界裡，會對實際的世界缺乏感覺。例如：從小透過這些螢幕遊戲認識動物的小朋友，很可能對去動物園沒有太大興趣，因為動物旁邊沒有搭配音樂或是跳出金幣。而只是透過手機簡訊或網際網路的人際互動，缺少了真實互動時微妙身體語言的觀察，對孩子未來發展人際關係有不良影響，對此，教育專家們也提出了警告。

當然，使用現代化的 3C 產品可以省去準備很多東西的麻煩，例如：在平板電腦或是手機的 App 上就可以很高興的畫圖，但若能讓小朋友實際操作畫筆、接觸顏料、過程與父母或同伴之間的互動，甚至是搞得滿手滿身需要收拾，都是一種真實的學習過程。

因此「學習」這件事，在教育或神經發展專家的眼中，並不是簡單交給 3C 產品與數位內容就可以解決的。幼兒的學習應該著重在跟父母與同伴彼此之間的互動。至於已屆學齡的小朋友逐步導入利用 3C 產品學習則是可以接受的，但還是應

該看小朋友本身的條件。

其實，現代家庭能為孩子安排的學習課程太多了，包括音樂、美術、舞蹈、體操、珠心算、圍棋、全美語、潛能開發等等。3C產品的使用或是學習只是其中的一個選項。

站在視力保健的觀點，**兒童的視力健康發展需要開闊的環境培養，因此所有靜態專注的學習，對兒童而言，都必須適時適量**，並非單純限制兒童使用螢幕產品就足夠。小朋友的學習最好能以活動為主，過早進行靜態的認字、寫字、練習智力測驗等均無必要。而且最好動態與靜態活動能夠交替進行，不要以靜態活動為主。

也有很多父母認為，從小拒絕這些3C產品，應該就不會近視了。我們可以看看以下在門診中常見的例子：

六歲的吳小妹在我的門診時，媽媽說由出生起對於電視、電腦的使用都非常注意，從不讓小孩接觸這類東西，但還是得到近視了，真是想不懂為什麼。

我很好奇的問了一下，既然平時都不用電視、電腦，那麼都在做些什麼呢？媽媽才說孩子很愛閱讀，因為從小就培養她看優良讀物，甚至有點驕傲的說，她已經認得很多國字、英文字了。下課後氣質的培養也不可少，因此每週一三五學鋼琴，

為了強化未來競爭力，二四六還得學英文。小朋友的個性本來就不愛出門，爸爸也忙，所以假日常在家裡玩、看書、學繪畫等。

我再問：「孩子都沒有到戶外嗎？」媽媽忙說：「有啊，大賣場與百貨公司倒是常去，有冷氣吹，還不用晒太陽。」

很明顯，這些都不是小朋友視覺發育過程中需要的動態、開闊的環境，即便不接觸這些3C產品，也無法阻止現代越來越多的孩童近視。

因此，就小朋友任何的學習活動而言，最佳的決定方式是在眼科診所做完眼睛的檢查後，問問醫師的意見。因為小朋友自制力低，即使學習活動造成眼睛疲勞，也不懂表達並適當休息，很容易造成用眼過度。倘若本身已有容易近視的傾向，就容易造成早期視力不良。雖然現階段教育部已規定由幼稚園開始做視力不良篩檢，但通常發現視力不良時已經來不及。預防仍然重於治療，所以重視兒童發展的家長們，應該與眼科醫師們合作，徹底了解小朋友眼睛的體質，再來決定3C產品或是其他靜態學習活動的時間與頻率，並且每三個月定時監測小朋友視力健康情形的變化，才是最聰明的做法。

❸ 增進視力健康的3C產品

特別的是，對某些小朋友來說，在3C電子產品適當的輔助之下，反而對學習與眼睛的發育有正面的影響喔！

你一定很好奇，是哪些人這麼「幸運」啊？我建議適當使用3C電子產品輔助的人有兩類：一類是「弱視」的小朋友；另一類則是「內聚力不足」的小朋友。

為什麼弱視的小朋友使用這些3C產品會比較好呢？有些小朋友因為體質的原因，眼睛生長得特別慢，形成了先天性的高度遠視眼，由於遠近都看不清楚，導致大腦接收到的影像不夠清晰，使得視覺皮質沒有適當發展，小朋友視力就會發育不良，在醫學上稱為「弱視」。

這樣的小朋友因為他們看東西需要比較多調節力，容易造成眼睛疲勞，因此對於較吸引人的東西興趣不高，不會長時間去看這些3C產品或是電視卡通（即所謂的lazy eye）。若是在六歲視力發育的黃金期後才治療，很可能因為效果不佳，造成從此視力不良。若能透過有趣的3C產品，成功吸引他們的注意力，就能迫使他們使用較多調節力去看，對於視力發展有絕佳幫助。因此，對於此類弱視的治療，必

須把握黃金關鍵期，在醫師的指示下，使用矯正眼鏡使影像清晰，輔以有效圖像刺激的 3C 產品，做為治療弱視的好幫手。

舉例來說，四歲的張小妹有著一雙天真無邪的大眼睛，模樣像極了洋娃娃，非常可愛。看電視時有時候會不由自主往前移，但因為張爸爸與張媽媽很少給小朋友看電視，偶爾遇到這樣的情形也不以為意。

張爸爸與張媽媽是因為幼稚園的視力檢查才發覺張小妹視力很差，緊張的跑來找我看診。張媽媽不敢置信的說，小朋友從來沒說過看不清楚，甚至連蚊子在飛也說看得到啊！

當然，我必須解釋，小朋友是看得到，但細節上沒辦法像同齡的小朋友一樣辨別清楚。因為張小妹的眼睛先天有著高度遠視加上散光，無法正確聚焦，外界影像始終是模糊的，在視覺發育上，因為缺乏清晰影像的外界刺激，使得視覺皮質神經未充分連結，造成她的弱視。

而且在小孩發育過程中，他們從來不知道「真正」像成人般視力一．〇清晰的情況是怎麼一回事，所以他們也不會告訴你「我看不清楚」。父母一定要從定期的眼科視力檢查中確保小朋友的視力按照正常的速度發展。在我建議下，讓張小妹接

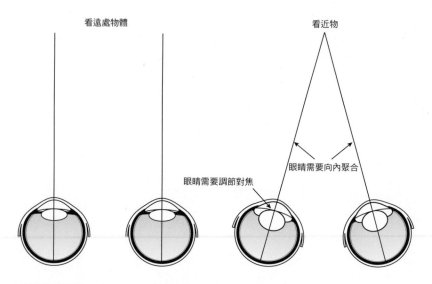

看遠處物體　　　　　　　　　　　　　　　看近物

眼睛需要向內聚合

眼睛需要調節對焦

看遠處時眼睛不需調節，看近物時眼睛需要調節並向內聚合

受正確的視覺刺激的處方、安排張
小妹的視力訓練計畫，並說明六歲
之前治療效果極佳後，張爸爸與張
媽媽才終於安心的帶著她回家。

而另一類可以使用電腦軟體幫
助訓練眼睛的小朋友，則具有所謂
「內聚力不足」的先天特質。

這些小朋友平時看起來十分
聰明，但是念書或寫作業時就表現
得完全不是那麼一回事，不僅作業
寫得慢，又十分不專心，有時甚至
跳字漏行，甚至字體左右顛倒。進
行一般的眼睛檢查後，他們的視力
均為一．○，發育正常，看不出有
什麼毛病，常常被誤以為只是不專

心、好動或是過動。事實上，透過現代精密的電腦輔助檢查，這些小朋友很有可能是所謂「雙眼視覺功能不良」的患者。

使用眼睛閱讀，除了視力要足夠形成清晰的影像外，眼睛對於遠近物體焦點的調節必須迅速，而雙眼之間對準物體的視軸定位更必須準確。

當雙眼視力正常，但雙眼視覺協調不良時，就容易發生學習障礙。其中，「內聚力不足」是最常見的症狀，這樣的小朋友由於在閱讀接收訊息上有困難，往往被父母或是老師斥責為不專心，學習效率低落、成績差，自信心也就越來越不足。

其實，現代眼科醫學已經有辦法幫助這樣的小朋友，透過處方，使用正確的近用稜鏡眼鏡幫助對準物體，再以現代電腦軟體提供適當有趣的遊戲，訓練小朋友的內聚或是對焦能力。就像是上眼睛視覺功能的健身房一樣，肌肉力量與效率的訓練會越做越好，同時，定期保持訓練才不會讓功能又退化。這些視覺機能上的問題，若能在小學三年級功課加重之前發現並接受訓練，就不會影響小朋友對學習的興趣與自信。

由這個角度看來，現代的電腦或是3C軟體，在眼科醫師指導之下進行適當的運用，也能夠大大幫助小朋友眼睛與學習的發展。例如：七歲的陳小弟平時很聰

明，爸媽教他的東西或是讀故事書給他聽，總是能很快的吸收。因為就要上小學了，媽媽便幫他報名了英文班，不過奇怪的是，英文班一週的作業只有一張紙，練習寫二十六個英文字母，陳小弟卻要寫近一個小時，而且總是寫寫停停，寫一下、玩一下，還常常寫不好。媽媽以為是他不專心、愛玩，常常罵他，但也認為他年紀還小，寫不好應該沒什麼關係。可是當他上了小學後，功課加多了，動作卻一樣很慢，因此寫功課常要寫到很晚，造成長期睡眠不足。有一次因為眼睛問題來找我看診，聽了媽媽的敘述後，我檢查了小朋友的雙眼視覺機能，果然是內聚力嚴重不足。因為雙眼不容易長時間對焦，所以學習效果當然低落，因此為他安排了一週一次電腦圖像增進內聚力的訓練。因為這樣的訓練類似遊戲，小朋友還滿有興趣。訓練數個月後，媽媽發覺小朋友寫功課時專心的程度進步很多，不再像以前一樣寫寫玩玩。在成績進步又得到媽媽的誇獎後，小朋友明顯變得喜歡上學了。

❹ 親子如何「悅」讀電子書？

數位時代，讀書的定義開始變得模糊與困難，現代人可以看的東西太多了，

從紙張書本、桌上型或筆記型電腦文件，到智慧型手機、平板電腦、電子閱讀器等等。有人認為這是知識傳遞的重大改變，第一次是紙張的發明，第二次是印刷術的流行，而第三次就是數位3C產品的普及了。

不過，你一定也有相同的經驗：在電腦螢幕上看文件，怎麼看就是不舒服。若真的是必須要詳讀的文件，還是得印出來在紙上看，只是這麼一來既浪費了地球資源，也無法實現無紙化的理念。

為什麼在紙張或螢幕上閱讀，感受就是不一樣呢？

原來，看著電腦的液晶螢幕，就像望著一個發光的燈泡一樣，由於自發光的背光面板發出的光線會經過偏光鏡，光的路徑是一致的，亮度太高，易刺激眼睛的瞳孔收縮，並影響對焦，眼睛就必須反覆調整，造成疲勞（在此也建議使用時將螢幕亮度調暗一點會舒服一些）。閱讀一般的書籍紙張時，是藉助外界光源的反射光，是各種不同方向的光，因此亮度較為均勻適中，不易反覆刺激眼睛調節，閱讀時當然較舒適，時間可以較長。

不過現代的電子閱讀器——如Amazon的kindle——是利用微膠囊中含有的電子墨水，藉由電極的驅動使黑色或白色的顏料靠近或遠離我們的眼睛，以形成圖像

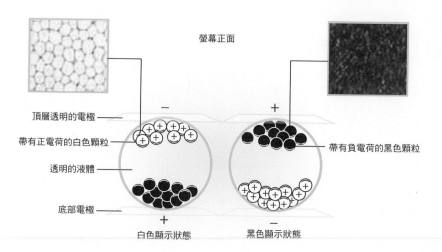

螢幕正面

頂層透明的電極

帶有正電荷的白色顆粒

透明的液體

底部電極

－

＋

帶有負電荷的黑色顆粒

＋

－

白色顯示狀態

黑色顯示狀態

電子書的微膠囊電子墨水示意圖

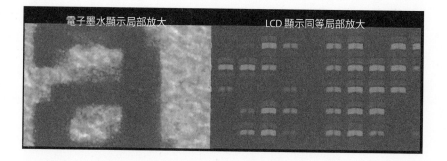

電子墨水顯示局部放大

LCD 顯示同等局部放大

微膠囊電子墨水顯示的字型與相同尺度之 LCD 螢幕顯示字型比較，可以看出電子墨水形成的字體邊緣較為均勻細緻

或文字，由於閱讀時也是利用外界的反射光源，所以能創造出近似於紙張的閱讀經驗，再加上擁有輔助查詢或是上網的功能，因此非常受到歡迎。最新式的彩色電子書，甚至利用了蝴蝶彩色鱗片的原理，靠著兩片相距非常近的反射薄膜，當光線入射後，隨著薄膜間空隙的大小不同，對不同波長的光產生建設性或破壞性干涉，造成只有特定波長的光才能反射出薄膜腔，為人眼所見，距離遠的兩片薄膜會產生紅色，近一點則會產生綠色。由於也是利用外界的反射光源來閱讀，因此閱讀時仍然比自發光的平板電腦或是 iPad 舒適，但是圖片的清晰程度與應用程式的方便性則不及，只能說各有優缺點。

除了閱讀的舒適度之外，不同的產品導致的吸收模式也大不相同，例如：在網路上瀏覽，有人形容像是「衝浪」（surfing），因為網頁上可用的連結太多，我們會經常衝過來衝過去，快速的看一下是不是自己要找的資料，屬於較淺層收集資料的模式，通常是看累了、找來找去迷失了方向、或是電腦網路變慢了才會停下來。而閱讀一本書，比較像是享用一份精緻的套餐，值得細細品嘗，書本不會跑到別的地方去，也沒有其他的連結干擾，讀累了或是讀到有意思的地方會停下來想一想，屬於較深層的具思考性的模式。

因此，對小朋友而言，電子書等產品若是如電視節目般只注重餵食一般性的情報，徒然具有聲光效果等多種變化，可能會降低互動與思考，屬於不好的選擇。且因為螢幕距離過近，就像小電視一般，發光的螢幕會讓眼睛過度疲勞，加上小朋友調節力強，在自己使用時若沒有父母的監督，更容易用眼過度。

親子共讀的重要性是無法取代的，國外許多擁有電子書的家長仍然希望和小朋友一起擁有實體書本，共同閱讀。因為家長們發現，利用平板電腦等一起閱讀，只會注意硬體上的操作，卻忽略了書本真正的內容。共同閱讀書本時，能藉由家長的說明，或是暫停下來看看圖文細節，對小朋友在內容的吸收上會更理想。從國外的電子閱讀器給學童的應用，主要是針對沒有教育資源的地方，更可以看出其適用的範圍。

同樣的，國內的教育機構也做了些不同年級間電子書與紙本書閱讀經驗的比較，在觀察中發現，低年級的小朋友對於紙本書的理解大過於電子書，中高年級則相反。這可能由於低年級學生注意力尚不易集中，過早使用電子閱讀器反而只會注意機器本身，達不到內容學習的效果。總之，電子書等3C產品對幼小的兒童而言，目前應該不是最佳的選擇。

其實我們都希望孩子能多學習，但要看學習的方式是否恰當，與小朋友本身是否已經具備了適當的學習條件。

舉例來說，我在替自己的孩子挑選幼稚園時，發現有些幼稚園不以認字學習為主，整天唱唱跳跳，教室裡沒有電腦或 3C 產品，而以生活常規、主題教學、生活環境教學做為學習的重心，讓小朋友在生活中學習，這就是我心中理想的學校。

❺ 進退兩難的電子教室

現代的小一教室，老師已經開始使用投影機上課，更先進的還導入了電子白板。在有些試辦電子書包的學校，小朋友已經使用平板電腦上課了。

咦？這些過去看來像是大學後才會開始使用的輔助教材，現在已經向下扎根到小學囉？

想像一下理想中的電子教室。老師因為不用抄黑板、擦黑板節省了約五十％的時間，授課內容藉由雲端技術自動傳到小朋友的平板電腦上，因為有趣的內容，小朋友們都興奮的期待每一堂課。由於電子書包具備大容量，小朋友們不用再帶厚重

的書上下學了。回家以後，想再複習老師上課的內容，只要點選螢幕就可以反覆溫習。

不過，目前實際的情形是這樣的：老師為了準備新式的教材內容，要花去更多時間而覺得負擔很重；數位化教學內容的研發才剛開始，很多科目都僅具雛形；內容的版權問題亟待政府解決；學生們剛開始對於新增加的聲光效果很有興趣，但當每一堂課都是如此時，學生們逐漸呈現視覺、聽覺麻痺的情況，眼光反而飄來飄去；在課堂上常常要花時間解決電子設備之間的相容問題；小朋友因為同時需要目前的教材與平板電腦，書包反而更重了，必須拖著行李箱上下學；回家以後會複習功課是大人的想像，上網玩遊戲還是比較多的情況。

即使如此，數位化的浪潮仍然席捲全世界：日本、韓國以二○一五年做為中小學使用電子書包的關鍵年；蘋果公司在二○一二年推出全新電子教科書平臺 iBook 2，使得美國政府同意將一部分購買教科書的經費轉移至電子書包等產品。看到各國火熱的發展，我們呢？

其實我國由二○○二年就開始推動電子教室，而後行政院有「挑戰二○○八」的數位學習計畫，但是十年過去了，這項政策仍呈現業界熱、學界冷的情形。雖然

88

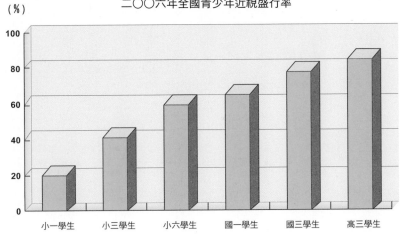

二○○六年全國青少年近視盛行率

(%)

小一學生　小三學生　小六學生　國一學生　國三學生　高三學生

當中科技不斷在進步，但是相關政策與配套措施依然只見零星的試辦，不見整體的方向。

我們的教育主管機關其實並不希望以電子書包完全取代傳統的教科書和上課方式，主要是擔心學童長時間盯著電腦螢幕會影響視力，如果以打字和滑鼠取代書寫，恐怕也會降低學童的書寫與學習能力。

究竟這些擔憂有沒有道理呢？

首先來看看家長最煩惱的視力問題，雖然試辦學校目前已定期檢測學童的視力變化，發現使用電子書包的學童視力，和一般學童的視力沒有顯著差異，但有樣本太小、追蹤時間不夠、檢查不夠仔細完整的問題。而且老師發現螢幕不夠大，學童

會不自覺越來越貼近電腦螢幕。

依臺大醫院最近一次（二〇〇六年）全國青少年近視盛行率調查顯示，小一學生近視率為二十％，小六學生近視率為六十％，到了國三近視率增為七十八％，到了高三近視率為八十五％。

看到如此怵目驚心的數據，真讓人憂慮電子教室的推廣是否會更雪上加霜，造成學童近視的惡化？

不過，先前我已經說明「**近視是基因與環境發生了複雜的交互影響，絕非單一因素造成**」，我們的高近視率跟亞洲人種的基因、地狹人稠的環境、優美卻又複雜的中文繁體字、功利主義導致升學競爭激烈均有關係。

但多數家長仍有這樣的迷思：許多患者的爸媽都說之前小朋友的視力好得很，過完一個暑假，玩了太多電腦、電視，或是看了太多漫畫，所以開學後視力就不好了。彷彿這些電視、電腦、漫畫有一種特別的力量，除了可能有不良的內容之外，還有恐怖的魔力，讓小朋友很容易得到近視。

因此每當有家長問我，近視的發生究竟是看電視、電腦的影響較大，還是看書的影響較大時，我都會說明，其實兩者皆有影響，只是大家認為看書是必要的，也

不會加以限制，電視、電腦不是必要的，所以把罪都怪在 3C 產品上！

既然不管看書還是看電視、電腦，都可能導致近視發生，所以考量的重點只有一個：**不要太早發生近視**。若是我自己的小孩必須跟上時代的潮流，接觸這類電子產品，究竟何時開始較好呢？

原則上，投影機、電子白板、電腦課程等，不建議小一、小二就開始。由於投影機教學時室內明亮與暗處光差大，眼睛容易疲勞，看不清楚也容易瞇眼，實在不如傳統黑板來得好。而螢幕小、操作距離近的電腦產品，也不宜在低年級時推廣使用。不過，小學四年級以上逐步加入這些課程，我認為是可以接受的。

這是因為小學與國中階段都是近視可能快速增加的時期，若配合現代醫學上能有效控制近視的方式，多數情形下能將近視增加的速度控制在每年五十度內。因此，電子教室或是電子書包等可能增加近距離用眼時間的教學方式，若在小學四年級以上逐步導入，到國中三年級共六年的時間，近視也應該可以被控制在六百度內，不至於變成高度近視的族群。所以，目前國內試辦的學校多挑選高年級的方向是對的，但是真正實施起來，仍然應該需要教育部、國民健康局與眼科醫師們共同合作監測小朋友近視變化的比例，才能讓家長更放心。

其次是很多試辦學校的老師發現，電子教室的學習方式若能適度將遊戲互動、閱讀、傳統黑板與電子白板穿插運用，可以更掌握上課的節奏與氣氛，增加了互動性、參與感，進入課程核心的機會也明顯增加，有助學習。反之，若過於強調電子設備的使用，容易讓學生產生浮躁的反應。此外許多需要實際操作的技巧，例如：書寫與試驗等，電子教材可以發揮輔助說明的作用，但仍無法取代真實的練習。

我認為在電子教室的發展過程中，主導數位學習內容的角色應該是教師，而非臺灣引以為傲的產業界，才不會讓這項政策只見硬體發展，一味強調運算效能、記憶容量、雲端服務，迷失了發展電子教室的方向。因為成功的關鍵在於教師的教學能否用數位化時代的角度思考，學校設計的課程、教材及教師教法是否也能跟上數位化的腳步，使生活與學習連結。若數位的學習方式有醫師的保護，有教師的巧思，比起放學後沉迷電視、網路遊戲，其實更令家長們放心，你說是嗎？

第3章

螢幕世代如何培養完美近視？

❶ 眼睛健康的存款：戶外運動、望遠活動、飲食營養

為了預防小朋友近視，需要替他們的眼睛健康定期存款，盡可能保持原有的財產（遠視眼），不要在小學三年級（發展成高度近視的關鍵期）前就用完。什麼樣的行為是對眼睛健康有幫忙的存款？什麼樣的行為又是提款呢？我們先來看一下現代醫學的研究結果。

戶外運動有助視力健康

二○一二年一份重量級的醫學雜誌《刺胳針》（*The Lancet*），邀請了澳洲國立大學伊恩‧摩根（Ian Morgan）教授，發表對於近視這個全球共通的議題最新研究的

看法。由於現有的治療方式僅能在學童近視後抑制近視度數的快速增加，無法讓已經近視的眼睛恢復正常，因此預防近視發生，或至少預防小朋友太早近視，以避免未來高度近視的併發症，已是一項重要的研究課題。

澳洲研究團隊與其他眼科專家的研究成果指出，近視雖然與基因相關，但環境因素才是真正影響近視發生時間與程度的關鍵因素。例如：比較一千七百六十五位六～十二歲的澳洲小學生，在調整了近距離用眼習慣、父母親近視程度與種族的差異後，發現待在戶外的時間越長，近視比例越低。

同一支團隊在另一篇比較雪梨與新加坡兩邊亞裔六～七歲兒童的研究結果顯示：在雪梨的亞裔兒童近視盛行率僅三‧三％，而同樣年齡的新加坡亞裔兒童近視盛行率卻高達二十九‧一％，人類種族近視基因在短時間內不可能有太大的改變，真正改變的是外在環境。而兩邊學童差異最大的同樣是待在戶外的時間長短，以及學齡前學習的壓力因素。

美國休士頓大學專門做近視發展動物研究的厄爾‧史密斯（Earl Smith）教授將這樣的理論應用在動物試驗上，二〇一二年的研究報告亦證實高亮度的環境（戶外）對於靈長類的猴子也同樣有抑制近視的效果。

這當中真正能抑制近視的原因尚未明朗，也許與眼睛處在戶外的環境能望向遠方有關，也許與日光能刺激視網膜細胞分泌的神經傳導物質的量有關。在臺灣過去的近視研究中，原住民國中生學童在山地的近視盛行率為十三％，在平地則增加為三十％，城鄉差異更說明了父母在早期對於幼童學習的壓力與戶外活動時間長短，造成了近視比例不同的影響。這也可以解釋為何有些小朋友的父母對電視或電腦管控得相當嚴格，但孩子仍早期就發生近視。

當然，這些研究並非要我們在太陽正大的時候跑出去晒得紅通通。一般來說，室內日光燈的照明亮度為一百勒克斯（lux，是國際通用的照度單位），距離六十瓦檯燈六十公分遠的桌面上照度為三百勒克斯，陰天室外為一萬勒克斯，一般白天為三萬勒克斯，夏日的豔陽下為十萬勒克斯，分別是室內日光燈照明的一百倍、三百倍和一千倍。這樣一比較，我們就可以知道即使是陰天，只要身處室外也比室內亮得多。

也因此，英國的科學家認為，即使像英國這樣多陰天的天氣，也應鼓勵小朋友多到戶外做活動，而一天待在戶外的時間最好能長達二小時，較有保護的效果。

有些研究顯示，戶外是比運動更重要的保護因子，因此新加坡的研究認為每在

戶外多待一小時的組別，一年後可以較室內組減少近視增加約十七度的效果。美國的研究顯示，八年級近視的族群相較於沒近視族群，由三年級開始就明顯減少了戶外活動的時間。

望遠活動可讓眼睛得到休息

以醫師的觀點而言，只要是運動，對身體健康都有幫助，因此我們鼓勵各式各樣的活動。但室內桌球運動雖說也可以促進球類靈活運動，但戶外的運動對眼睛幫忙才是最大的。比如：玩風箏或是極限風箏，因為是戶外活動且有望遠的作用，應該是相當棒的護眼活動，不過需要專業指導且有場地的限制。近來流行的模擬運動，例如：Wii 遊戲機，其中的球類遊戲雖然感覺有遠近的變化，但其實遊戲時眼睛的焦距仍是固定在螢幕上，因此只適合大人在維持體態時使用，對小朋友的眼睛健康幫助不大。

所以我建議每天安排至戶外活動一～二小時左右，就是眼睛健康銀行最好的存款，即使不去遠的地方，在自家附近的公園或是大樓的中庭走走都有幫助。最不好的就是一下課就送孩子到安親班寫功課，然後接回家看電視，使得戶外活動時間太

少，對眼球正常發展非常不利。假日時盡可能在戶外活動——放放風箏、玩玩球、騎騎車，加上望遠——看看山看看海，而且時間要足夠，不要只待在有冷氣空調的大賣場裡。

眼睛健康銀行的提款，當然就是近距離的用眼活動了。澳洲雪梨的研究發現連續閱讀超過三十分鐘容易導致近視，同時閱讀距離小於三十公分，較大於三十公分者多了二·五倍近視的機會。新加坡近視危險因子調查發現每週讀二本書以上者較二本書以下者近視的危險增加三倍；兒童每天閱讀二小時以上者較二小時以下者近視的危險增加一·五倍。每週多讀一本書，一年後眼軸多增長〇·〇四釐米。同時，兒童過早進入學校系統也是危險因子。

根據美國兒科醫學會的建議，一天加總使用螢幕（包括手機、電視、電腦、遊戲機等）的時間勿超過二小時，一般眼科醫師多建議單項螢幕的使用時間一次勿超過三十分鐘，好讓眼睛休息。

攝取對視力健康有益的飲食

飲食上，富於精緻糖類的麵包與飲料，容易增加血中胰島素快速增加而刺激

眼軸拉長，因此高纖膳食是較好的來源，對身體健康也好。特殊營養素的補充並沒有證據顯示能抑制近視，然對於點用散瞳劑的小朋友而言，由於他們的眼睛容易接觸到過多紫外線，因此近來市面上有許多營養品（例如：葉黃素），雖對改善近視並無直接幫助，但就補充保護視網膜上的抗氧化成分的功能來看，我認為可以彌補小朋友防晒工作的不足。葉黃素普遍存在於深綠色、深黃色蔬果中，例如：菠菜、甘藍、玉米、南瓜、芒果、金盞花等。除葉黃素外，其他相關的抗氧化營養素非常多，例如玉米黃質素、β胡蘿蔔素、花青素、藻紅素等，可以說是族繁不及備載，因此最好還是請教你的眼科醫師是否需要補充相關營養素。

若父母中有一位近視，則小朋友近視的可能程度增加二倍；父母雙方都有近視，則小朋友近視的可能增加了八倍。因此若讀者像我一樣，夫妻雙方都有近視，且有一方還是高度近視者，最好盡量減少對小朋友眼睛的健康提款，也就是減少學齡前不必要的認字、寫字與大量閱讀。尋找幼稚園時，應專找沒有電腦課、常出戶外活動一～二小時，以活動為主題的教學，由觀察日常生活學起，而非潛能開發。

假日不要待在家中，盡量在戶外跑跑跳跳，手機、平板電腦只能偶爾使用，讓小朋友做個原始的摩登小孩，才不會太早將眼睛健康存款提領完了。

❷ 眼睛健康投資項目：良好姿勢、充足照明

看到照片中小朋友這樣寫功課，你會不會很想大聲指責他的坐姿不對，狠狠一點的，就從頭後面拍下去。當然也少不了到診間時再抱怨一下：「視力不良都是他自己害的，講也講不聽，最好醫師跟小朋友講，他們可能比較會聽醫師伯伯的話！」

遇到這種情形，我都會先問：「是誰要求他要把字寫很好看的？」通常父母會先面面相覷一下，然後，有的媽媽會不好意思的說是她的要求，有的人會說是老師太嚴格，也有的會說是小朋友自己個性使然，自己要求字要寫得端正

整齊。

字要寫得好看，非得趴著寫嗎？如果我們了解孩子趴著寫字的原因，就會知道斥責也沒有用，就會對小朋友和善一點了。

原來，小朋友寫字的姿勢離書本會越來越近，主要是因為小朋友的眼手協調仍在發育，不像大人那麼順暢，為了要把字寫好，只好越靠越近才有辦法做到。字要寫得好，筆順要對，只有靠近了寫才辦得到。繁體中文是世界上最優美的文字，但也是最繁複的文字。大人可以憑外形分辨文字，但小學生們可是必須把每一畫都看清楚了才能寫得出來。

我建議，可以考慮將難字的格子放大，待書寫熟練後再寫回原本大小的格子內。或是對於字寫得好不好看，盡可能不要太過要求。

寫字姿勢不良的原因，還不只如此！就以最常使用的鉛筆為例，就具有以下明顯的缺點：

一、筆桿與筆心的同軸設計，學生寫字時手指容易遮擋筆尖。因為小朋友的手還小，很難握持在筆尖一吋以上寫字，同時鉛筆上也沒有防滑結構，通常

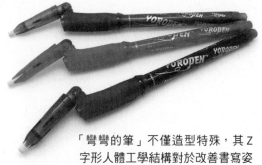

「彎彎的筆」不僅造型特殊，其Z字形人體工學結構對於改善書寫姿勢亦有很大的幫助

握筆的手指距筆尖僅約一・五公分，所以必須歪頭才能看到筆尖及寫出來的字。

二、書寫用的鉛筆規格通常是HB，寫出來的字與紙張之間的顏色反差仍不夠，必須靠近才能看得清楚。

自動鉛筆雖然多了防滑結構，但缺點與鉛筆並無二致。所以以鉛筆或自動筆來練習書寫，又要寫對寫好，真的很耗眼力！想要不近看，真有點難度！

同樣的，一般書桌的平面型設計，讓我們在書寫、閱讀或使用電腦時，頭部容易不自覺的越靠越近，很難保持適當距離。傳統的書桌、椅子通常是以大人身高來設計的，不容易根據小朋友不斷變化的身高做調整。雖然我們可以勉強適應不良的姿勢，但這樣往往會造成身體的痠痛疲

使用 Z 型筆書寫的樣子

勞。尤其是小朋友眼睛的調節能力很強，往往會過度用眼而不自知。

有沒有什麼辦法能讓小朋友們「保持距離，以策安全」呢？

臺灣已經有些注重人體工學的廠商，設計出符合現代家庭與小朋友需要的實用工具，連我也不僅要按個大大的「讚」！例如說，市面上出現了特殊設計的 Z 型鉛筆（如上頁圖），由於使用時手指不會擋到筆尖，握筆處有止滑墊能保持手指在筆尖

0°勞作

0°～15°書寫

30°～60°閱讀

40°～70°繪畫

可依不同用途調整桌面角度的動態書桌椅

一時處，2B 的筆心字跡夠清晰，使用後小朋友歪頭靠近桌面的姿勢會改善很多。

而現代化的書桌與椅子，根據身高調整桌面與椅面的高低已是基本功能，更進一步的還會根據國際 ISO 人體工學標準設計，按照使用目的來調整桌面的傾斜角度：勞作時是水平的、書寫時傾斜十五度、閱讀時升高至三十～六十度、畫圖時甚至可以調整成四十～七十度。如此一來，便可以保持我們的脊椎挺直，不至於彎腰駝背，因此不易疲勞，也可以維持眼睛與紙張之間適當的距離，不容易逐漸拉近。

有的書桌還另加了測光的功能，能知道桌面的光線是否充足呢！

說到光線，這也很讓家長傷腦筋，到底什麼樣的閱讀光線才算充足？什麼樣的光線又算不足呢？依照 CNS 照明標準與教育部的建議，通常書房的全面性照明亮度建議為一百五十勒克斯左右即可，但桌面的照明亮度最少為三百～三百五十勒克斯，若有較精細之文書作業，最好能到五百～六百勒克斯以上，若是製圖工作甚至可以到一千勒克斯。確認照度簡單的方法，可以買個照度計來測量。（一般約一、兩千元一臺。）若沒有照度計，卻又想了解照度是否足夠怎麼辦呢？我提供個簡單的估計方法供參考，不妨動筆算一算！

✚ 梁醫師小百科

沒有照度計時，該如何大概判斷家中的照度呢？可以的，但就要用上一些數學了：

首先要知道燈具的發光效率，一般而言，普通燈泡的光效為十二Lm/W，也就是每瓦的電能可以發出的光量為十二流明（Lumen，光通量的國際單位，是人眼感知的光能的量度）。普通日光燈管的光效為五十Lm/W，省電燈泡的光效為六十Lm/W。現在很流行的綠能燈具，因為光效高，所以比較節約能源，如T5日光燈管的光效為九十Lm/W，LED燈的光效為八十Lm/W以上。參考燈具包裝上的瓦數（Watt，指使用的電能量）就可以算出此燈具可以發出的光量。

計算平均照度的簡單估計公式為：

照度（Lux）＝〔光量（Lm）＊維護率（0.75）＊照明率（0.45）〕／照明面積

照明面積：假設一般書桌大小為一‧二＊〇‧八平方公尺

照明率：考量空間大小與裝潢材料的反射與吸收光線的比例，平均取〇‧四三～〇‧五五之間。

維護率：照明燈具的汙損程度會影響光量，平均取〇‧六～〇‧八之間。

因此，若書桌上有一個六十瓦的檯燈燈泡，照度為二百五十三勒克斯〔（60*12*0.75*0.45）/（1.2*0.8）=253〕，可能略顯不足，但換上一個一百瓦的燈泡，照度就達到四百二十二勒克斯，便可符合閱讀作業要求。或是使用二十七瓦的省電燈泡，照度可達到五百七十勒克斯。

燈泡瓦數	六十瓦 一般燈泡	一百瓦 一般燈泡	二十七瓦 省電燈泡	十四瓦 T5 燈管
照明面積	1.2*0.8平方公尺	1.2*0.8平方公尺	1.2*0.8平方公尺	1.2*0.8平方公尺
照度	二五三	四二二	五七〇	四四三

不過，燈光可不是越亮越好，太強的光線會產生反光或眩光。眩光是指會妨礙看東西的刺眼光線，一般的鵝頸檯燈，其燈管高度調整後之所以要在閱讀時眼睛的水平位置，就是為了避免讓眼睛看到刺眼的光線。目前的書桌檯燈很多都有防眩光的功能，主要是加上一些光柵或是濾光片，將可能引起眼睛不適的眩光過濾掉。

民國九十二年起，教育部開始了改善教室照明的計畫，將全國一百二十七間學校的二千九百一十六間教室的平均照度，由四百一十一勒克斯提升至八百五十三勒克斯，並同時進行降低眩光的工程，例如：日光燈管要與黑板面垂直排列，以防止產生眩光。近年來甚至科學界也開始討論燈光的種類，因為一般燈管的光線偏向由橙綠靛色組合而成，看東西的演色性較差（演色性是指在陽光下呈現自然色彩的程度），因此較容易使眼睛感到疲勞。醫學上研究也顯示，缺乏自然光線容易影響情緒，產生憂鬱，因此使用的燈光若含有紅橙黃綠藍靛紫全光譜的照明也許是一項不錯的選擇。目前不管是一般螢光燈管或 LED，都已經有全光譜的選擇了。

不過，姿勢再正確、光線再充足、環境再優良，仍需有適當的戶外活動，以

調節眼睛的發展，才有利兒童視力保健，因此每日仍應有一～二小時到戶外的時間喔！

❸ 假性近視的好朋友：散瞳劑

臺灣人的近視率高，小朋友一不小心就會罹患近視，一旦近視又會快速增加度數，每回測量度數總是令家長心情沮喪。有沒有什麼方法讓近視緩和下來，不要快速增加呢？

網路上流傳了很多未經醫學實證的方法，但對眼科醫師而言，通常只有一種方法——點散瞳劑！但很多家長對散瞳劑充滿疑問，因為它點用起來很不舒適，網路和坊間也充斥各種傳言，包括點了散瞳劑會得青光眼或白內障等。由於擔心正規治療會有後遺症，許多人便尋求偏方，放棄治療的也有，實在是因為父母不知道怎麼做對小朋友才是最好的。

一般人之所以不太敢使用散瞳劑，其實是因為不確定它的安全性。

想了解散瞳劑的安全性，應該先看看它的歷史。臺灣使用散瞳劑控制近視已經

108

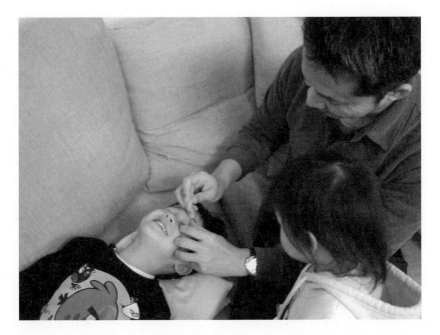

帶著微笑，含著眼淚，接受點散瞳劑的人是我兒子，在旁邊沒事看熱鬧的是我女兒……我則是邊點邊碎碎念：「如果妳繼續一直看電視，下次就輪到妳了！」

超過四十年了，一九七〇年代高醫與臺大就有針對近視散瞳劑療法的醫學報告，國外也有使用散瞳劑抑制近視的動物試驗；一九八〇至一九九〇年代臺北榮總、臺大醫院陸續完成不同種類散瞳劑之比較，與不同使用濃度療效比較之臨床研究，國外也有一系列的研究報告；二〇〇〇年後，發現散瞳劑主要在抑制眼睛的外殼——鞏膜的生長發育、緩解近視增加，二〇〇三

年新加坡國立大學蘇教授（Prof. Seang-Mei Saw）回顧過去符合醫學實證的研究，唯一能有效抑制近視的臨床藥物仍只有散瞳劑。

原來**散瞳劑是一個老藥了**，而這樣的藥到現在還存在著，也找不到可以取代的**競爭者**，這說明了一個事實：它是一個簡單、有效又經濟的方法，沒有太多嚴重的副作用，所以至今仍是眼科醫師對付近視的第一線用藥。

既然如此，為什麼大家還是避之唯恐不及呢？

這就必須講到散瞳劑的藥理作用。既然是散瞳劑，不可避免的會影響到眼睛內部調整瞳孔大小的肌肉與調整對焦的肌肉──睫狀體，因此造成瞳孔放大與調整焦距困難。

因為瞳孔放大與調焦困難的影響是從早持續到晚的，會造成小朋友使用後畏光不適，到了戶外會將眼睛瞇起來，眼睛也無法自由調整看遠看近。有些大人自己點用後，好幾天看不清楚，大呼給小朋友點散瞳劑實在太不可思議。極少數特殊體質的人（通常是有遠視眼的老人家）點散瞳劑後，放大的瞳孔堵住眼睛內部的排水口，造成急性青光眼，因此傳出點散瞳劑會造成青光眼的說法。

其實在臺灣數十載的醫療臨床經驗中，點用散瞳劑是相當安全的，只有特殊體

質的人有可能產生青光眼，而一般小朋友點用後，眼壓都會在正常範圍內。臺灣新光醫院眼科在二○一一年發表的醫學報告認為：小朋友使用散瞳劑三年左右都不會有眼壓異常增加的情形。

瞳孔放大後，陽光紫外線進入眼內的量多達數十倍，因此也有點散瞳劑會造成白內障的說法，但臨床上無法證實長期使用散瞳劑後，水晶體會提早老化而產生白內障。另外，點用散瞳劑後會造成眼睛調整焦距困難，所以也有點散瞳劑會提早老花的說法，但同樣的，目前沒有任何點散瞳劑容易提早產生老花眼的醫學報告。

理論上，過量的紫外線無論是對皮膚或眼睛，都會有老化或病變的傷害。只是醫學上認為可能產生老化與病變的比例，遠低於我們放任近視不管而導致度數增加，甚至造成高度近視等諸多後遺症的比例。二○○五年新加坡在英國眼科醫學雜誌上發表的研究報告就指出，在做好眼睛防曬的前提下，使用散瞳劑兩年，視網膜細胞功能並未發現異常。因此，「兩害相權取其輕」，散瞳劑依然有其醫療上的必要。只是點用散瞳劑後，即使小朋友不畏光，還是應該做好眼睛的防曬。如在戶外使用帽子、太陽眼鏡或是濾藍光鏡片，都有助保護眼睛的視網膜。

這麼看來，點用散瞳劑還算安全，只是點了很不舒服，所以多數人都是點點停，常因為點藥不舒服就半途而廢。事實上，停藥期間因缺乏散瞳劑的抑制作用，度數就會增加，也因此讓許多人認為點散瞳劑是無用的。而願意讓孩子點散瞳劑的家長們，通常是因為不想讓小孩戴眼鏡，所以一旦小朋友真的近視增加到需要戴眼鏡時，常常也就不再點藥了！

點散瞳劑的真正目的，在於延緩近視增加的速度，並沒有辦法讓小朋友沒有近視，甚至是治癒近視。你可能會感到很驚訝，既然近視沒辦法治好，那何必點藥呢？而且假性近視不是可以治好的嗎？確實，散瞳劑對於假性近視有極顯著的效果，但也無法「治癒」假性近視。

「假性近視」是一個臨床上的概念，醫學上並沒有絕對的定義，連它是否存在也有爭論。有些醫師認為，點散瞳劑放鬆調節肌後，即使測得只有近視五十度，仍然是「真的近視」。假性近視會讓一般人混淆，以為近視經過治療會好。之所以會用「假性近視」這個名詞，是因為它有一些特點跟軸性近視快速增加的情形不同。

假性近視初期可以測量到較輕微的近視度數，視力也開始下降。此時若點用散

瞳劑，近視度數即可快速降下來，變差的視力也會提升恢復。此時期的近視度數增加速度不會太快，有時停止治療也不會馬上變差。常常讓人以為近視已經好了，不需要再點藥了。但是真實的情形是，即使點藥後視力恢復成一‧○，假性近視的狀態依然存在，停藥後，過一陣子近視度數依然會回復，視力將再度變差。

所以假性近視只能算是近視的前奏曲，此時治療的效果較好，但是藥物通常無法完全停用，只是較軸性近視使用的藥物劑量少，而且度數穩定的時間較長而已。

因此，不論是假性近視或是眼睛已經變形的軸性近視，接受治療的目的都在於延緩近視增加的速度，盡可能使小朋友近視度數不要太深，以減少未來因每年不斷增加的近視速度造成高度近視及其帶來的諸多併發症。

由於散瞳劑的真正目的僅在於延緩近視的增加，我認為散瞳劑僅需使用有效的最低濃度即可，但這必須請你的眼科醫師「依延緩近視的表現」來決定藥物的劑量！如果你的控制效果很穩定，也可以和醫師討論，例如：夏天陽光太強時，是否可以減少點用次數，以避免太多強光進入眼中。

有人還是會問，為何國外並沒有在臨床上使用散瞳劑來抑制近視呢？我想主要原因有兩個，其一是近視比例不同：因為國外近視比例不高，通常學童多在國中以

上才發生近視，頂多形成輕度近視，不一定有治療的必要。但國內近視發生的平均年齡都在小學階段，相當容易形成高度近視，不加以控制的後遺症遠大過於使用散瞳劑所發生的問題，因此在近視率超高的臺灣、香港、新加坡等地，散瞳劑仍然是臨床上抑制近視度數快速增加的選擇之一。

其二是跟文化觀念有關：使用散瞳劑後會畏光，西方人喜歡到戶外享受陽光與運動，當然無法長期使用散瞳劑。相對的，我們的家長多喜歡小朋友盡量待在家中念書，點用散瞳劑對生活影響似乎比較不大。這其實是治療方式的選擇，並沒有絕對的對錯或是好壞。

因此我認為，若是小學階段發生假性近視，初期就使用散瞳劑，可以將視力表現較良好的時間延長，點藥次數也不必過於頻繁，有些人甚至一週點用一次就可以控制得很好。例如：九歲的鄭小弟在二〇一一年三月到我的門診診療時，雙眼的視力為〇·二，測出的度數約近視一百二十五度；點了一個月的散瞳劑後，雙眼的視力恢復至〇·七，近視度數降至五十度；再經過一個月，雙眼裸視視力回復至一·〇，度數為二十五度；到了七月時，視力仍為一·〇，度數為〇度。不過經過我的說明，鄭小弟的爸媽知道雖然近視度數降低、視力變好，但鄭小弟仍處在近視變化

的狀態，只是在早期假性近視時接受了治療，所以效果較好。因此我將點藥的劑量

調低成兩天一次，希望能夠維持住鄭小弟目前視力恢復的情況。

其實，在假性近視時期點用散瞳劑，還有另一個很大的好處是閱讀寫作的姿勢

會變得端正。因為點用散瞳劑後，眼睛無法自行調整看東西的焦距，必須利用物體

距離調整，因此近視度數不深的人通常必須將書本拿遠看，小朋友低頭的不良姿勢

會被強迫改善。坐姿與閱讀會端正許多，也算是點散瞳劑附帶的優點。

❹ 不想點散瞳劑行嗎？

這學期一開始的視力檢查，原本戴著厚厚近視眼鏡的阿誠，在學校護士阿姨幫

他檢查視力時居然沒戴眼鏡，而且出正常視力一．○。通常用功的阿誠每學期近視

都會增加，因此拿視力不良通知單已是家常便飯，護士阿姨看著阿誠明亮清澈的大

眼睛，驚訝得說不出話來。

原來，阿誠採用了在歐美澳等國控制近視的第一線方法——角膜塑型術來控制

近視。

這就是目前顛覆許多既有觀念的角膜塑型技術，晚上將特殊高透氧的角膜塑型鏡片戴著睡覺，早上起床後摘除，原有的近視度數會降低，塑型之後可以維持一整天的好視力，白天不需要再配戴眼鏡或是隱形眼鏡，同時在配戴期間內，原本快速增加的近視度數會緩和下來，顯示出近視得到控制的效果。

許多人還不曉得，眼睛也可以像牙齒一樣被塑型，但須由專業的眼科醫師依個人體質量身設計角膜塑型鏡片，配戴後可以將近視與散光同時降低，配戴期間控制近視增加的效果相當於點用散瞳劑，因此不需要再點散瞳劑，不會感到畏光不適或調焦困難，成為喜愛戶外活動的家庭幫助小朋友控制近視增加的新選擇。

角膜塑型術的發展歷史可以追溯至四十多年前，一九六〇年代時就有醫師發現，配戴硬式隱形眼鏡後，近視度數會略有改變。但當時使用的材料不夠先進，只能降低很少的近視度數，因此並不實用。一九九〇年代後期引進高透氧材料，使得夜間配戴的安全性大大提高，而在塑型鏡片採用最新式的逆轉幾何內弧設計後，只需一副鏡片，一週左右就可以降低近視與散光度數，有效提升視力。因此美國藥物食品管理局（FDA）也在二〇〇二年通過可使用夜戴式的角膜塑型鏡片，我國的衛生署亦在二〇〇八年、二〇一〇年及二〇一一年分別通過三家角膜塑型鏡片的使

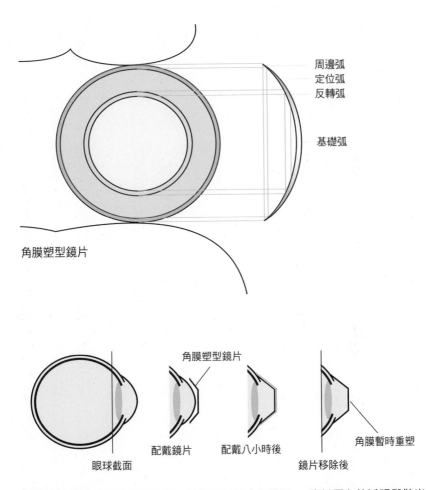

周邊弧
定位弧
反轉弧

基礎弧

角膜塑型鏡片

角膜塑型鏡片

眼球截面　　配戴鏡片　　配戴八小時後　　鏡片移除後

角膜暫時重塑

配戴量身訂做的角膜塑型片後，角膜可以被「微整型」，降低原有的近視與散光度數，恢復視力

用，其安全性與有效性已獲得肯定。而適用年齡上，一開始因考量到小朋友不易做好鏡片清潔保養的問題，核准年齡為十二歲以上，在通過核准後的安全評估上，因為表現良好，在二〇一二年六月已經將准用年齡降至九歲以上。

原本角膜塑型技術被認為僅能暫時降低近視，不過特別的是，在各國使用後的臨床經驗中卻發現，角膜塑型後居然可減緩小朋友近視度數的增加。

美國休士頓大學史密斯（Earl Smith III）教授所領導的研究團隊，在猴子眼球發育的動物試驗中，發現與過去觀念完全不同的近視調控機制。歐美傳統觀念認為，近視增加是因為視網膜中央黃斑部的影像失焦（defocus），但史密斯教授的研究團隊卻指出，眼球調控機制的變化主要來自周邊視網膜，而非中央視網膜。

近視眼即使精確驗光後配了眼鏡，也僅能使中央聚焦清楚，但外圍影像屏幕（image shell）由於角膜離心率的關係，焦點依然在周邊視網膜後方，這會促使眼軸拉長，近視度數越來越深。但若讓外圍影像落在周邊視網膜的前方，則眼球將停止生長，可抑制近視度數增加。史密斯教授這些研究成果均已發表在最新的視覺科學醫學期刊中。

臨床上，有越來越多的家庭選擇採用角膜塑型術來控制近視增加，例如莊小妹因為點散瞳劑來控制近視，在教室內外都覺得畏光，需要戴上太陽眼鏡，而被班上同學視為異類，因此上學很不開心，也不願意繼續點藥。經我評估後，她配戴角膜塑型鏡片來控制近視，不再有畏光不適的問題，又可以在上學時見到她好久不見的笑容了。

而喜歡在戶外打球的張小弟，也因為點散瞳劑來控制近視，到戶外運動時十分難過，同時須配戴眼鏡也相當不便，大大影響了他的表現。在我幫他驗配角膜塑型鏡片後，恢復了正常視力，也找回以前沒近視時的運動能力。

始終不願意配戴眼鏡的吳小妹，整天眼睛瞇得厲害，也不願意點用略有刺激感的散瞳藥水，面對吳小妹突飛猛進的近視度數，爸媽束手無策，直到我幫吳小妹配上角膜塑型鏡片後，由於隔天可以看得很清楚，吳小妹從此喜歡上配戴角膜塑型片，願意天天配戴，近視度數也順利獲得控制。

在國外，角膜塑型術更被利用在愛運動的近視族、潛水員、運動員、空服員等，甚至警察、消防隊員等有特別需求的人，夜間配戴角膜塑型鏡片，白天就可以很方便的從事各項活動，不需受到眼鏡或是隱形眼鏡的限制，我自己也在四年前就

開始配戴角膜塑型鏡片，剛開始只是為了更了解這項技術，但戴了之後發覺擺脫眼鏡真是很開心的事，還曾忘了自己已經沒戴眼鏡，想用手去推眼鏡呢！

不過，角膜塑型術是屬於夜間配戴的特殊隱形眼鏡，必須高度要求安全性與驗配的專業，是屬於醫療行為，必須請專業的眼科醫師驗配，才可確保角膜塑型鏡片配戴時的舒適與角膜的健康。若輕忽鏡片清潔保養工作，未定期回診檢查或更換鏡片，均有可能導致角膜受傷感染，致使視力受損。

我通常建議點用散瞳劑的時間已經很長、使用散瞳劑效果不佳或不能接受因點藥而畏光的學童，可考慮嘗試使用角膜塑型鏡片來控制近視。不過配戴角膜塑型鏡片後仍須注意平時良好的用眼習慣，否則近視度數仍可能會增加。

梁醫師 小百科

目前認為角膜塑型術可以減緩近視增加的原理，正是因塑型後的角膜形成中央區平坦，中間影像可聚焦在網膜中央形成正視，使視力恢復正常。而周邊角膜因為塑型後略為突起，而使外圍影像屏幕聚焦在周邊視網膜的前方，故不

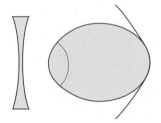

一般近視眼即使戴上眼鏡，形成之影像屏幕在中央可對焦在視網膜上，形成清晰影像，但是外圍影像卻投射在周邊視網膜的後方，促使眼軸不斷拉長導致近視增加

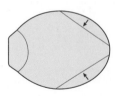

角膜塑型術後之角膜形狀，角膜中央變平，使中間影像落在視網膜中央，形成清晰影像，恢復良好視力，而外圍影像因周邊角膜塑型後，形成略突起角度，其影像屏幕將落在周邊視網膜的前方，因此眼軸不會增長，而使近視度數穩定下來

會刺激眼球增長，達到抑制近視度數增加的效果。

為了確認角膜塑型術對於近視的療效，與不同的鏡片設計療效之間的差異，國際上對於角膜塑型術控制近視的前瞻性大型臨床研究已經紛紛展開，如美國的五年 SMART 計畫（Stabilization of Myopia through Accelerated Reshaping Technologies）是針對八～十四歲的美國學童；香港的 RMIO 計畫（Retardation of Myopia in Orthokeratology）則是針對亞洲六～十歲學童；歐洲的 MCOS 計畫（Myopia control with Orthokeratology contact lens in Spain）是針對六～十二

塑型後角膜

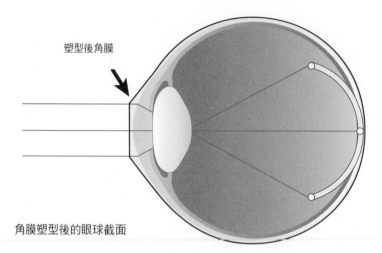

角膜塑型後的眼球截面

我與發現角膜塑型控制近視原理的史密斯（Earl Smith III）教授在二〇〇九年美國角膜塑型醫學會後合影

歲歐裔學童等進行研究。美國醫學中心聯合研究於二〇一二年已經進行至第四年，根據發布的初期報告，角膜塑型術對於抑制近視快速增加具有延緩效果。歐洲的兩年研究報告已在二〇一二年七月發布，確認角膜塑型術較一般近視眼鏡抑制眼軸增加的效果更明顯。日本的 Uakita 教授亦在二〇一一年發表日本的五年研究報告，也指出角膜塑型術可以抑制眼軸的拉長。

❺ 小朋友眼鏡的選擇新主張：看遠看近，不能一副搞定！

「要讓我的小朋友戴眼鏡？省省吧！眼鏡一戴上去就拿不掉了。醫生，看看還有沒有別的辦法讓他不要戴眼鏡，不然，乾脆再換一個醫生看看好了！」多數的人來找眼科醫師治療的目的，都是為了不想讓自己的小朋友戴眼鏡。真的沒辦法不戴時，那當然也就不需要治療了，既然戴上了眼鏡也就隨便了。

可見醫師治療的目的與小朋友或家長的期望有很大的落差，要請小朋友戴眼鏡真是一件很難的任務，不過，如果家長真的清楚眼鏡在視力保健上扮演的重要角色，或許就不會這麼排斥了。

多數人對於小朋友戴眼鏡總是又愛又恨：愛的是一旦戴上它，小朋友就不再頭歪眼斜，令人討厭的怪姿勢都不見了；恨的是一旦戴上它就拿不掉了，小朋友天真無邪的大眼睛從此變成四眼田雞，眼睛總是看起來小小的。

到底該不該戴眼鏡呢？這個問題可大大困擾著很多父母。如果小朋友的近視可以控制在戴上眼鏡後就不增加了，那真是一個簡單的解決方法，確實也沒有再來眼科看診的需要。若是這麼輕鬆，近視一百度時趕緊配副眼鏡就解決了，眼科門診就不會有這麼多來看近視的小朋友了！實情是，戴上眼鏡後只有一段時間看得清楚，過一陣子後再去測量，天哪！度數又突飛猛進了！只好陷入再掛門診報到的惡性循環。

到底該不該配眼鏡？要配什麼樣的眼鏡？這些問題真是有點複雜。

我的看法是，眼鏡在視力保健與近視控制上相當重要，**不論目前以何種方式控制近視的度數，都需要眼鏡輔助**。

因為，眼鏡的目標就是輔助眼睛不足的功能。以接受散瞳劑控制近視的小朋友來說，眼睛兩個重要的功能都被散瞳劑抑制了，一個功能是瞳孔隨外界自如的收縮放大，一個則是眼睛調整遠近焦距的功能。

一般人到了戶外，陽光強，瞳孔即會收縮，以降低強光對視覺的影響並保護眼睛，但點用散瞳劑的小朋友卻整天瞳孔都是大大的，陽光進入眼內多達數十倍，因此需要有阻隔強光與紫外線的眼鏡來保護眼睛。例如：抗UV係數達四百以上的太陽眼鏡，才能將波長四百奈米以下的紫外線濾掉，在戶外會變色的鏡片近來也開始流行，更佳的是具備過濾紫外線與藍光的醫療級鏡片也被發展出來，甚至可以在日常生活時配戴，以阻絕日常光線中存在的高能藍光對視網膜細胞造成可能的傷害。

此外，點用散瞳劑的小朋友就如同成人的老花一般，沒辦法自在的看遠看近。往往上課時黑板上的字看到了，但是戴著眼鏡要抄寫時就變得模糊，非得把眼鏡拿下來才看得到近物。於是上課時需要將眼鏡拿上拿下，非常麻煩，或是變成明明戴著眼鏡，卻從鏡框上或下邊的縫看出去的怪姿勢。這是因為點了散瞳劑後，看遠看近所需要的度數不同，原本眼睛可以自己調整的，現在沒辦法調整了，因此發生看遠看近無法一副搞定。臨床上，這樣的小朋友最適合驗配雙焦點或是多焦點的眼鏡，看遠時可以利用鏡片上方的度數，看近則需透過鏡片下方的度數。

而這樣具有遠近不同度數的鏡片又被稱為「近視控制眼鏡」。臨床上也可以觀

察到，使用此類近視控制眼鏡，對於部分病患有減緩近視的效果。例如：二○一○年澳洲與香港的研究團隊，就在眼科醫學雜誌上發表了使用雙焦點加上稜鏡的近視控制眼鏡兩年的研究成果，他們發現戴一般單焦點眼鏡兩年下來，近視平均增加了一百五十五度，戴上雙焦點的試驗組則增加了九十六度，而雙焦點加上稜鏡的試驗組，近視平均只增加了七十度。中國大陸也有相關有效的臨床研究報告。

這類眼鏡訴求的原理主要在於，視近物時看近的度數，可以降低眼睛本身需動用的調節，同時利用稜鏡光線折射的原理，減少眼睛需要的內聚力量。因為眼睛視近物時除了調節作用外，還有內聚以對準目標的生理反射，因此減少內聚力也間接降低了調節，所以又可稱之為「近視減壓眼鏡」。

不過，國外也有認為這類眼鏡效果不佳的醫學報告，我個人的看法是，雖然理論上有用，但實際執行起來困難。原因是，在不點用散瞳劑的情形下，小朋友透過鏡片中心遠近都看得清楚，通常不會刻意應用下方多焦點或是雙焦點視近區去看近距離的事物，因此，雖然配了也戴了，但能夠運用的效果卻是有限。相反的，若是點用散瞳劑的小朋友搭配這樣的眼鏡，就可以利用它的優點，因為點用散瞳劑後以一般眼鏡看遠的度數無法視近，自然會利用下方視近區的度數做輔助。若能加上稜

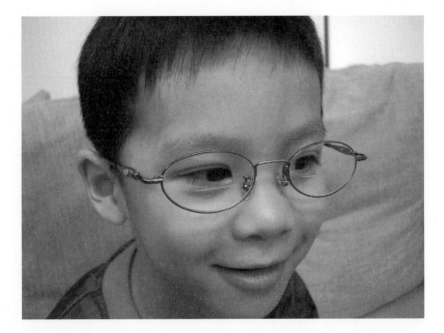

小朋友配戴雙焦點眼鏡。不同度數的鏡片上有一條交界線，線上方是看遠處，線下方為看近用

鏡以減少內聚力，效果應
該更好。我十分建議小朋
友配鏡時做這樣的考量，
特別是雙焦點眼鏡，雖然
它外觀上較特殊，但並不
會不好看，且對於小朋友
來說比較容易使用。多焦
點眼鏡的鏡片上雖然沒有
一條線，但對小學生來
說，由於變焦光學區在鏡
片上只有中央窄窄的一
區，使用不易，一般建議
高中、大學以上再考慮配
戴，容易使用也兼顧外
觀。

若是無法接受點用散瞳劑的小朋友，又該如何使用眼鏡較好呢？

眼睛會變成近視，就是因為把看近當成是看遠，因此眼軸變長，看近不需動用調節力，一旦戴上眼鏡，看遠時由於度數已獲得補償，因此眼睛不必動用調節力，但看近時又必須重新動用調節力，所以眼軸會繼續增長，使度數逐漸加深。因此一般單焦點眼鏡的使用方式應該是，**看遠時需要戴著看才看得清楚，看近時應該拿掉眼鏡，讓眼睛充分休息不必調節**。但通常小朋友只戴著一副眼鏡，看遠看近都會用同樣看遠的度數去看，不會刻意在看近時摘掉眼鏡，因此容易使度數加深。

比較可行的解決方法是，最好**依不同距離更換不同眼鏡**，例如：上課看遠的眼鏡，彈琴或使用電腦用中距離眼鏡，看書閱讀用近距離眼鏡。看遠看近使用不同度數，不會造成過多調節，方能對控制近視有幫助。若是在近距離依需要而加上稜鏡，使看近的內聚力降低，形成看近如同看遠放鬆平視的狀態，或許效果會更佳，對於一般國、高中生或是大學生，若不使用散瞳劑，也沒有配戴角膜塑型鏡片時，這是一個值得考慮的方法。

即便是使用角膜塑型鏡片控制近視的小朋友，也需要一副備用的眼鏡。很多家長會問：「就是因為不希望小朋友戴眼鏡才配了角膜塑型鏡片，現在又要叫他們戴

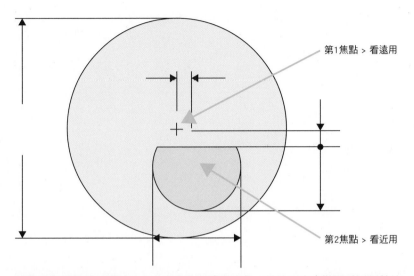

雙焦點眼鏡的鏡片設計，中心位置為看遠用度數，鏡片下方會裝配看近用鏡片

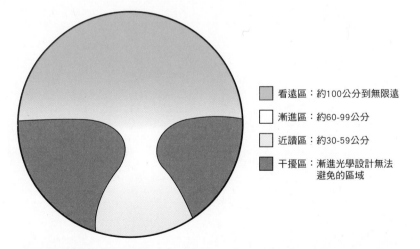

看遠區：約100公分到無限遠

漸進區：約60-99公分

近讀區：約30-59公分

干擾區：漸進光學設計無法
避免的區域

漸進多焦點鏡片，鏡片外觀沒有分界線，鏡片中央以下的光學區具有漸進焦點，可以用來看遠中近距離事物。但設計上可被眼睛使用的光學區窄，使用不易，通常建議年齡較大的學童使用

眼鏡，這到底是什麼道理？」

其實，配戴角膜塑型鏡片，平時雖然不用戴眼鏡，非常方便，但有時出外不想帶太多清潔的東西，有時參加夏令營不方便戴，並非隨時都適合使用角膜塑型鏡片。更重要的是，如果小朋友很習慣配戴角膜塑型片，又沒有備用的眼鏡，當眼睛過敏或是輕度發炎時，會仍然勉強配戴不願意休息，反而可能造成更多傷害。因此若眼睛不適，即應戴上備用眼鏡，待眼科醫師檢查後再配戴角膜塑型片，才是最佳的安全之道。

小朋友的視力保健需要相關的眼鏡配合與輔助，知道如何適當的使用眼鏡，才能在這個大量用眼的時代對我們的眼睛發揮保護的作用。

⑥ 定期檢視眼睛健康存摺：決定護眼模式

讀過了以上章節，你應該已經清楚小朋友眼睛視力保健的重要觀念。近視並不可怕，也不是什麼大問題，它只是我們人類適應近距離環境時的一項身體上的變

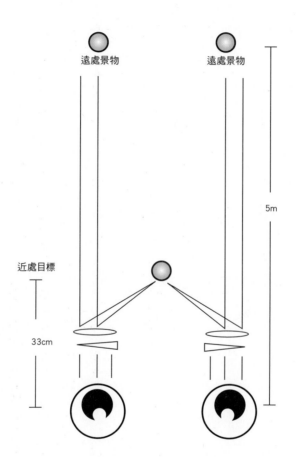

遠處景物　　　　　遠處景物

5m

近處目標

33cm

近距離專用眼鏡看近距離事物使用近距離的度數，減少眼睛調節，同時加上稜鏡使眼睛減少內聚力，達到看近猶如看遠放鬆平視一般的效果

化，其形成原因跟體質、基因有關，當然也跟小朋友所處的環境有關。

由於小朋友的眼睛仍在發育期，當眼睛接受到環境周圍的訊號，將近的環境當成一般生存所需的遠距環境，眼軸就會調整增長。增長後的眼軸會讓我們在近距離作業聚焦時不需調節，如同原本看遠一樣。但真正問題是，這個近距刺激若出現在幼年時期，由於眼睛需要到成年後發育才會穩定，不斷累積增加的度數會造成高度近視，進而在未來造成可能更多的併發症。

因此，總結前述觀念，以下就是培養現代人完美近視的方法：

最重要的是在幼時便十分注意用眼習慣與環境

尤其家長本身就是高度近視者，更應定期請眼科醫師檢查小朋友的度數與視力，了解目前眼睛的發育是否過快，或是仍然在適度發展的狀態。除非是眼科醫師認為小朋友有弱視傾向，可以適度利用 3C 產品刺激視力發育，否則 3C 商品的使用仍須加以限制。幼兒教育應注重各項感官均衡發展，學習應以實際操作為主，多聽，少看，多鼓勵動態活動，減少靜態作業。

每三個月定期檢視小朋友的眼睛發育情形

定期檢視小朋友的度數，並登記在眼睛度數發展評估表。若已在輕度遠視五十度內，就要開始注意。在小學三年級前就已經接近近視，表示眼睛發育過早，必須全面檢討小朋友的用眼情形，降低過多的近距離用眼，例如：太早大量閱讀寫字、過多須用眼的靜態才藝等。而3C產品的使用在此時更要嚴格把關，因為小朋友的眼睛條件已不夠穩定，再過度使用，近視就會提早報到，必須及時增加戶外活動，鼓勵動態才藝，方能平衡身心發展，維護眼睛健康。若能注重這些條件，使小朋友的近視發生能延緩至小學三年級以後，便完成**培養完美近視的第一步——降低高度近視的機率**。

假性近視早治療

若已經開始發生近視現象，早期就需要治療，此時建議點用傳統的散瞳劑，在近視發生初期的假性近視時期，散瞳劑具有用量少、副作用少、效果優良、簡單方便等優點。此時應該可以暫時維持視力，不需配戴眼鏡，而因為降低調節力使得看近時模糊，小朋友因此能自動養成坐姿端正的附帶優點。當然，小朋友仍可能有些許畏光的問題，需配合眼睛的防曬，降低紫外線可能對眼睛的傷害。

若度數能維持得當，使用散瞳劑劑量不致過多，不會影響小朋友的日常生活。

治療只是將近視增加的趨勢減緩，並不能讓近視完全停下來，但若能維持一段長時間，就完成了**培養完美近視的第二步——延長假性近視變化至軸性近視的時間。**

延緩近視度數增加

當小朋友的近視已轉變為軸性近視時，因為眼軸拉長使得視力下降，若年齡在小學三年級以上可考慮利用角膜塑型術，以物理光學的方式繼續控制近視，延緩度數增加，同時不必配戴眼鏡，生活與運動都非常便利。若年齡已在高中以上，除了角膜塑型術外，也可以考慮配戴遠近不同焦點的眼鏡，看遠用較足的度數，看近則用較淺的度數，避免引發過度調節，以減緩近視加深。**若能有效限制近視增加，在十八歲時的近視在三百度左右，近距離用眼會非常輕鬆，這時大量的近距用眼也不太會使度數快速增加，即完成培養完美近視的目標。**否則，也應該盡量使近視控制在六百度內，不至於造成眼球因高度近視而容易在未來引發病變。

其實，所有治療的考量都僅是延緩近視增加的速度，使它不要進展得這麼快而

已。因此，究竟使用何種方式來控制近視度數的增加並沒有絕對的對錯，只要是適合的方式就是好的方法，清楚知道每種方式的優缺點，可以按個人需要加以選擇。

我常說，點散瞳劑是大人輕鬆、小孩辛苦。因為點藥水對大人而言，簡單方便又有效，但小朋友須忍耐畏光與調整焦距不適等問題。此時配戴的眼鏡最好要具備變色功能、濾藍光功能，再加上有遠近不同焦點的設計。還得時時注意防晒，忍受戶外運動不便等問題。而配戴角膜塑型鏡片則是大人辛苦、小孩輕鬆。因為大人需要幫小朋友配戴與清潔保養鏡片，小朋友則擁有恢復視力、不需眼鏡的生活便利。

因此，通常當小朋友年齡還小，對配戴隱形眼鏡接受度較低，同時度數尚淺，我推薦早點使用散瞳劑控制，既輕鬆也簡單，小朋友的生活受到的影響也小。控制到一定程度後，等小朋友年齡較大時再考慮改換配戴角膜塑型鏡片，避免長時間大量使用散瞳劑，影響生活。

例如：八歲要升小二的劉小弟，門診時測量到的近視度數左右眼均為四百度。他從來沒有點藥治療過，平時也很少看電視、玩電腦，但也很少有機會去戶外活動，主要的興趣是以拼積木、畫圖為主。雖然他的想像力得到充分發揮，畫圖也很有天分，可以畫出很精細的東西。不過，他的父親卻有超過一千度以上的近視，所

以遺傳基因的影響不可忽略。在先天就可能有高度近視體質的情況下，假設沒有注意幼時的用眼習慣，因為環境與基因交互作用，就會導致小小年紀便有很深的近視眼。因此，我向爸媽解釋，畫圖與積木雖然都是很好的活動，但並不適合他這麼小、近視容易增加的年紀。若真要玩積木，只能玩大型積木，要畫圖，只能在大畫布上畫水彩畫，才不會增加用眼的壓力。

以劉小弟的眼睛度數發展評估表來看，八歲時已發生近視，一般仍建議以點散瞳劑為主，若可以接受點藥且近視度數控制穩定，可以在九歲或是更大時再考慮更換角膜塑型鏡片，減少長期點用散瞳劑。除非完全無法接受點藥，控制近視效果不佳，或是無法接受戴眼鏡、無法適當防晒，才會提前考慮使用角膜塑型術來控制近視度數。

因為劉小弟近視很深，因此也一併檢查他七歲的妹妹與五歲的弟弟。沒想到妹妹已經有假性近視現象，雖然以散瞳劑治療後，視力恢復了正常，但仍需長期點藥以預防度數增加。弟弟的度數已經接近○度，所以爸爸媽媽注意他的用眼習慣，增加他的戶外活動，限制他使用３Ｃ產品。在我解釋了完美近視的觀念後，全家人對於近視總算較有概念，也比較不會那麼緊張，無所適從了。

知道小朋友眼睛可能的發展趨勢後，對於小朋友在課業學習、課後才藝、3C產品的使用上，家長就較容易有決策的依據。了解了現代眼科對於近視的看法與治療選擇後，家長也可以因小朋友的個別需求，與眼科醫師協力，妥善掌控小朋友的度數，共同培養現代人的「完美近視」。

Part **2**

不再沉默的眼睛，
螢幕光害知多少？

第4章

當眼睛對螢幕上了癮！

① 你的眼睛累了嗎？眼睛也有爆肝指數！

了解了小朋友的視力如何保健，也應該來關心一下自己的眼睛。大家都知道，太過疲勞時，肝功能指數會上升。螢幕使用久了，眼睛也會疲勞，不過眼睛也有所謂的爆肝指數嗎？

有的，眼睛的爆肝指數，可以從輕度時臨床上的一些抱怨，到重度時眼睛的疾病顯現出來。門診中眼睛常見的勞累症狀，可以分成幾種型態：

疲勞不適的感覺

● 眼睛常常很痠，要揉一揉眼睛才會舒服

140

● 眼睛很累，老覺得張不開

● 眼周或是眼睛脹痛，甚至引發頭痛

乾澀疼痛的感覺

● 眼睛經常發紅，甚至流淚

● 感覺眼睛裡老是有些異物感

● 眼睛常常很澀，需要點藥水才會比較舒服

視覺功能受到影響

● 看東西成雙影或是不容易對焦，要眨眨眼休息一下才會比較好

● 沒辦法持久視物

● 老是看錯東西，工作效率低

以上的疲勞燈號，你在工作時有幾個呢？如果有三個燈，還算是輕度的疲勞，如果有六個燈就是中度了，若九個燈都有，還是找眼科醫師看一下吧。因為，持續

上眼瞼

針眼

下眼瞼

的過勞，眼睛就會開始發生一些疾病喔。

眼疾以發生的頻率由多到少來舉例，最常見的就是被大家誤以為是偷看別人洗澡才會長的「針眼」，其實針眼就像是長在眼皮上的青春痘，是指眼瞼上的皮脂腺因堵塞感染而化膿的急性炎症。在過度疲勞、睡眠不足或是常吃油炸刺激性食物的人身上較容易發生。

另一個，則是常被大家誤以為是眼睛中風的「眼白出血」，也就是白眼珠上可以見到鮮紅或是暗紅色的血塊，因為外觀上還滿恐怖的，因此多是由別人發現而告知，自己通常不痛不癢，沒啥感覺。

這樣的情形在臨床上稱之為**「結膜下出血」**。眼白內有緻密的眼球壁，稱為鞏膜，在眼球接觸外界的鞏膜外，另有一層透明的結膜，做為潤滑保溼形成保護層。形成的原因也是由於過度勞累，又搓揉眼睛而致。在眼科醫療中，須注意是否有伴隨高血壓或是血液凝固相關疾病，若沒有其他身體問題，通常數天到數週便會自癒。休養的方式就是多休息，

結膜下出血就是結膜與鞏膜間的微血管破裂造成的。

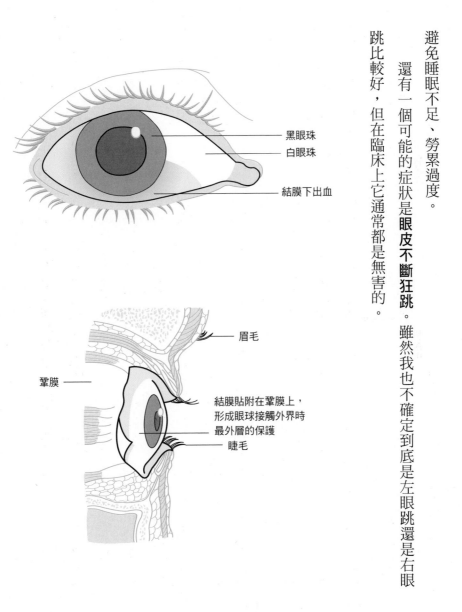

黑眼珠

白眼珠

結膜下出血

眉毛

鞏膜

結膜貼附在鞏膜上，
形成眼球接觸外界時
最外層的保護

睫毛

避免睡眠不足、勞累過度。

還有一個可能的症狀是**眼皮不斷狂跳**。雖然我也不確定到底是左眼跳還是右眼跳比較好，但在臨床上它通常都是無害的。

一般良性突發性的眼皮跳，時間都不長，但有些人也可能持續數週到數月之久不等，造成困擾。在眼科醫師檢查後，排除是更嚴重的良性眼瞼痙攣或半邊顏面神經痙攣等疾病後，便無大礙。一般的眼皮跳動通常可藉由休息或是溫敷改善。

更嚴重的經常性疲勞，還會導致**飛蚊症**。飛蚊其實是指眼內的懸浮物，可能是一個點或是多個點，也可能是一個圈圈或是一條不規則扭曲的線，顏色多半是透明或是灰黑色的。飛蚊症出現原因跟眼睛退化有關，所以在年齡較大或高度近視者身上都很常見。

通常飛蚊症一出現後便不容易消失，且在疲勞睡眠不足時會看得特別清楚。在眼科的檢查，會著重於區別是一般生理性退化所導致，還是由於病理性變化──例如：眼睛內部出血或是發炎──而造成。因為一般生理性的飛蚊症對視力並不會造成太大的影響，因此多數眼科醫師都不會建議進行特別的治療。但若是出血或發炎，則代表眼睛內部已有嚴重的疾病，必須盡快治療，否則會影響視力。

過度用眼最嚴重的就是**眼睛中風**了。眼中風當然是指眼睛內的血管阻塞或是大量出血，經常是和高血壓、糖尿病或血管異常有關。但是在眼科診療的病例報告

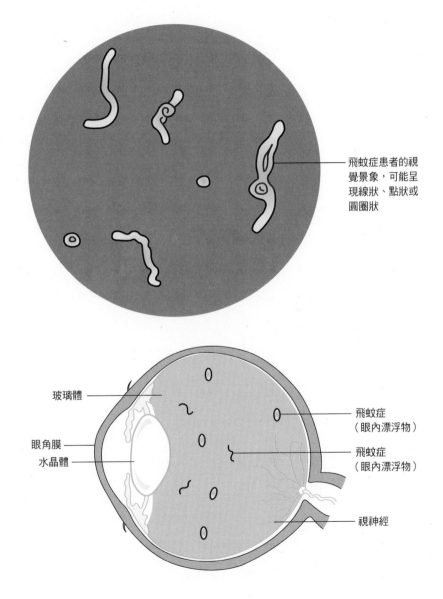

飛蚊症患者的視覺景象，可能呈現線狀、點狀或圓圈狀

玻璃體

眼角膜

水晶體

飛蚊症
（眼內漂浮物）

飛蚊症
（眼內漂浮物）

視神經

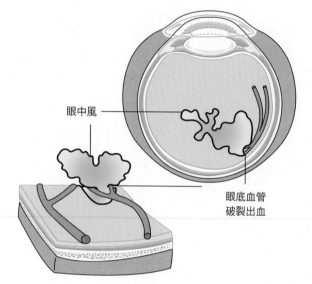

眼中風

眼底血管
破裂出血

　中，長時間熬夜上網的年輕患者也不算罕見。

　另外，很多人抱怨眼睛脹脹的，以為是眼壓升高，但是測量眼壓後卻是正常的。其實，這只是眼球內部的調節肌肉過於疲勞而產生的現象，並不是什麼太大的毛病，更不是所謂的**青光眼**。

　知道眼睛過度疲勞可能會產生那麼多眼科的問題，真應該好好保養眼睛了，接下來我們將分析為什麼使用螢幕過度會造成這些疲勞症狀，從頭開始預防，以避免產生眼睛的病變。

正常的眼睛

青光眼

眼內液體
排出不順

眼壓增加

眼壓升高
傷害視神經

眼內的排
水口不通暢

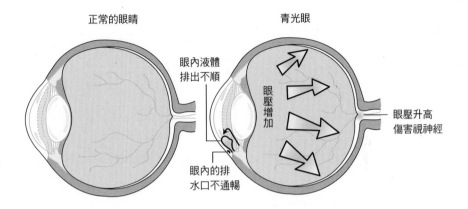

梁醫師 小百科

無聲的視力殺手——青光眼

所謂的青光眼並不是說眼睛會發出青
色的光。在過去因為醫藥不發達，青光眼
幾乎都會致盲，形成萎縮的眼球。若用光
線去照萎縮的眼球，無法形成我們正常人
有的紅反射（也就是相片中的紅眼），而
會透出淡淡青綠色的光，因此在早期，青
光眼又稱為「綠內障」。

青光眼是一種體質上的疾病，它的成
因主要是由於眼球內的液體生成與排出不
平衡。眼球是一個密閉容器，當裡面的水
太多，排出量太少時，眼睛的壓力就會升
高，眼內壓力太高會壓迫眼內最脆弱的視

神經纖維，造成視神經萎縮，影響視力。

青光眼的症狀主要是因為眼壓升高導致眼睛脹痛，但這樣的脹痛與用眼過度造成眼睛疲勞後的脹痛感並不同，需要做精密的眼壓檢查，並配合眼科醫師對眼睛內視神經的觀察，以判斷是否有青光眼的可能。由於青光眼的初期眼壓通常不會很高，幾乎沒有脹痛的感覺，一般人很難發覺，因此成人定期檢查眼睛實屬必要。

❷ 電腦視覺症候群？有這種病嗎？

一九九五年，美國視光學會就已經指出，**電腦視覺症候群是因長時間使用電腦終端機設備，造成眼睛本身出狀況**，例如：疲勞、痠痛、乾澀，甚至眼睛發紅、流淚等，**或是視覺受到影響**，例如：視力模糊、重影、調節困難等情形。不僅影響了我們眼睛的健康，也造成工作容易出錯，降低工作品質與效率等。

更有甚者，由於長期的姿勢不良，造成肩頸經常痠痛不適，或是發生了腕隧道症候群，造成手指麻痛僵硬等。有些成年的重度電腦族，甚至發生近視度數仍不斷

增加的情形，或是因為眼睛痠痛而導致頭痛，無法工作。

二○一二年美國《紐約時報》大篇幅報導，美國十八歲以上人口有三十一％比例的人口，平均每天花五小時使用電腦、平板電腦或智慧型手機。根據美國視光學會最新的統計，這樣的症狀已經影響了約六十五％～九十％使用電腦的族群，已成為全世界最流行的職業病。據臺灣的網路資訊中心二○一一年的調查，臺灣十二歲以上的上網人數有一千七百萬，其中超過五成每天使用網路超過四小時。而醫學上的研究顯示，每天只要平均使用二小時以上，就有五十％以上的機率產生電腦視覺症候群。

可是，真奇怪，坐在辦公室裡吹著冷氣，舒舒服服的工作，一部電腦、一支智慧型手機就可以搞定一切，看起來是很簡單的事情，為什麼反而還造成我們身體上與工作上的負擔呢？

要知道十幾二十年前，當時的工作環境包括了多項的工作內容，例如：閱讀、書寫、打字、歸檔等，因為性質不同，使用的工具各異，每項作業需求的姿勢與視覺要求均不相同，因此中間會產生許多自然的中斷與休息。現代的電腦同時解決了以上所有不同的要求，雖然增進了我們的工作效率，但同時也導致長時間的固定姿

勢與視覺要求，造成現代人越來越多的眼睛與身體上的症狀。這就是電腦視覺症候群的由來。

為何使用電腦螢幕，會讓眼睛更加疲勞呢？

我們先了解一下眼睛能看到東西的原理。眼睛就如同一部功能強大的超級相機，外界的光線透過眼角膜，再經過水晶體聚焦後，讓我們可以看得到影像。鏡頭的第一層鏡片就是眼珠前端的眼角膜，是一層完全透明的薄膜，其折射光線的能力非常強，可提供眼球所需七十％的屈光力。角膜之所以有如此強大的屈光力，除了角膜表面的彎曲度外，也由於空氣與角膜之間的折射係數差別較大的緣故。

近代的準分子雷射近視手術，即是利用氬（Ar）氟（F）混合氣體受激發後產

底片（視網膜）

鏡頭（眼角膜與水晶體）

物體　　　光線

相機構造與眼睛各部位功能比較

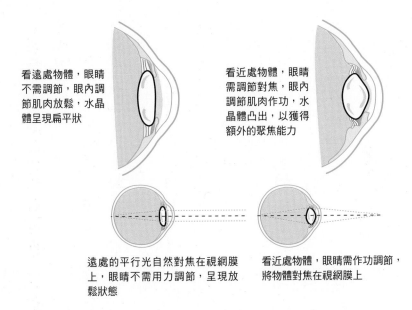

看遠處物體，眼睛不需調節，眼內調節肌肉放鬆，水晶體呈現扁平狀

看近處物體，眼睛需調節對焦，眼內調節肌肉作功，水晶體凸出，以獲得額外的聚焦能力

遠處的平行光自然對焦在視網膜上，眼睛不需用力調節，呈現放鬆狀態

看近處物體，眼睛需作功調節，將物體對焦在視網膜上

生的冷雷射，精確的將固定深度的角膜組織分子瞬間汽化，重塑角膜彎曲度，使角膜變得較平，達到降低近視的效果。角膜為了聚集大量外界的光線，全層結構是透明的，且膠原纖維大小一致，呈格子狀規律的排列，纖維與纖維的間距也小於一個光波長。角膜更特殊之處在於組織內無血管構造，所有養分與氧氣的供應都有賴於外層的淚液與眼內的液體（房水），以及由黑白眼珠交界處的血管網供應。

聚焦之後（如上圖所示），第二個重要功能是針對物體的遠近調整焦距，使遠近的物體都能清楚成像。

人類眼睛的設計以望向遠方最為

輕鬆自然，因為對動物來說，望向遠方尋找獵物及保護自己免受天敵的危害是最重要的本能。因此在自然望遠的情形下，眼睛內部調整焦距的肌肉不需作用，影像就能自然的對焦在眼睛的底片——視網膜上。但當需要看近的東西時——即物體距離變近，聚焦能力卻不變時，像距便會向後移，而不是對焦在視網膜上，於是就看不清楚了。因此，眼睛會自動對焦，負責調整焦距的肌肉會將水晶體變成圓凸狀，使影像對焦在視網膜上，故需要額外的調節力。

在看東西時，人的眼睛有一個自然的對焦休息點（resting point of accomodation），從前被認為是在無限遠處，近代研究則認為每個人略有不同，平均約在眼前八十公分處。由於使用各項電子產品時，通常都較自然休息點近，因此眼睛必須不斷由休息點重新對焦，容易導致眼睛疲勞。

除了必須頻繁調焦外，同樣是閱讀較近的物

自然對焦休息點

人的眼睛需要不時由自然對焦休息點調整至螢幕距離

品，為何使用螢幕閱讀和紙本，感覺就是大不相同呢？

二○一一年紐約州立大學視光學院發表的研究指出，在相同的閱讀條件下，使用螢幕與印刷紙本，使用電腦螢幕者容易視力模糊，同時產生較多眼睛不適的症狀。看看以下電腦螢幕與紙張書籍的比較：

一、螢幕是一個自發光體且對比強烈，看著螢幕就像盯著一個發光的燈泡看。而紙張是藉由光線反射為其光源，通常較為柔和不刺激。

二、電腦螢幕是由畫面不斷更新而組成的，更新頻率必須在七十五赫茲（Hz）以上，眼睛才不會因閃爍而容易感到疲勞。近

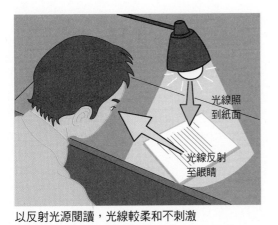

光線照
到紙面

光線反射
至眼睛

以反射光源閱讀，光線較柔和不刺激

看著發光體，眼睛較易疲勞

年的研究顯示，若將畫面更新頻率提高到三百赫茲以上，將有助於減少眼睛不適的症狀，而實體的紙張影像是非常穩定的。

三、電腦螢幕是由許多個光點組成的，螢幕上顯示的文字邊緣較粗糙模糊，眼睛需要多花工夫來對焦，不像印刷的文字邊界明確而清楚。

四、螢幕鏡面較容易反射外界的其他光源，產生刺眼的眩光，使眼睛感到不適。

以上眾多原因造成了眼睛需要不斷的、大量的調整焦點，才能將工作完成，因此導致視力產生變化與眼睛諸多不適。所以接下來，我們將介紹舒緩眼睛疲勞的方法。

❸ 電腦族如何保護視力？

有什麼簡單的方法能改善因為使用螢幕而造成的眼睛疲累的症狀呢？一般建議的方法主要有以下幾種：

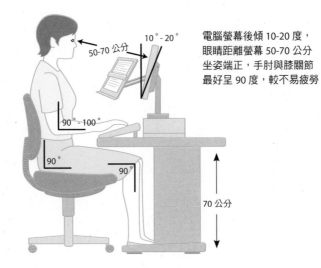

電腦螢幕後傾 10-20 度，
眼睛距離螢幕 50-70 公分
坐姿端正，手肘與膝關節
最好呈 90 度，較不易疲勞

10°-20°

50-70 公分

90°-100°

90°

90°

70 公分

一、將電腦的距離拉遠至五十～七十公分，使眼睛能舒適的瀏覽。

二、將電腦螢幕向後仰十～二十度，使眼睛看電腦的視角調整為水平向下十五～二十度，會大幅減少眼睛表面暴露於空氣中的面積，減輕乾眼的症狀，同時肩頸也較不容易痠痛。

三、注意工作場所電腦的配置，因為螢幕周邊的強光源會造成反光，刺激眼睛，使眼睛容易疲勞。因此窗戶最好不要在螢幕後方或是正對著螢幕。符合人體工學的姿勢強調使用電腦時上臂和下臂之間應成直角，並調整適宜的坐姿，使膝蓋的角度也呈直角，就可以減輕手與腰背痠

痛的症狀。將文件放置在專用的文件夾裡，讓眼睛便於在文件與螢幕之間維持相同距離閱讀，避免閱讀距離頻繁轉換，容易造成眼睛疲勞。

四、使用螢幕時，眼睛應正對螢幕，勿轉頭或歪頭看。可以調整螢幕的亮度，將螢幕的亮度調低，但對比度調高。同時調整字體大小到能夠舒適的閱讀，不要皺眉或是靠近螢幕，並搭配有防止眩光功能的螢幕。

五、依照「二十—二十—二十原則」使用電腦，也就是使用電腦二十分鐘，望向遠方二十呎（六公尺），持續時間二十秒。較能讓眼睛放鬆休息，並減輕乾眼症狀。或是每四十五分鐘就休息十五分鐘。

以上是一般讓眼睛避免過度疲勞的方法，雖然很有用，但有時要**記得讓工作中斷去休息**，真的很難做到，因此還有一些其他方式可以進一步幫助眼睛休息，提升工作效率。網路上有免費試用的休息程式可以下載，例如：iRestBreak 或是 SmartBreak 等小軟體。這些程式在你使用電腦一段時間後，會敲下課鈴聲且將螢幕變暗，強迫眼睛休息一段時間。

休息時，**按摩自己的眼周穴道**也是一個讓眼睛恢復活力的好方法。透過穴位按

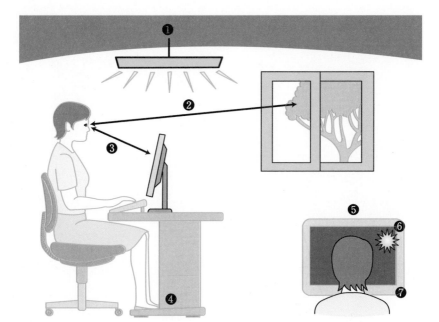

❶ 使用全光譜光源

❷ 每 20 分鐘望向 6 公尺外 20 秒

❸ 保持眼睛至螢幕距離 50-70 公分遠

❹ 手肘呈 90 度，膝關節亦呈 90 度，
　 雙腳能平放在地板上

❺ 對正螢幕，勿偏頭或是歪頭去看

❻ 避免眩光

❼ 調整亮度對比與字體大小至
　 最舒適的程度

辦公室使用電腦設備的七個建議事項

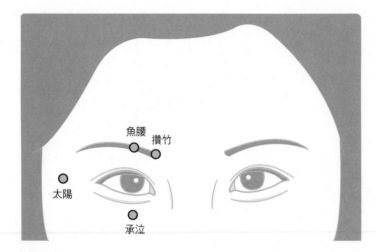

魚腰　攢竹

太陽

承泣

可緩解眼部疲勞的眼周主要穴位

摩，可以緩解眼部肌肉的疲勞。

方法很簡單：先按摩攢竹穴（眉頭），手法是將食指按住攢竹穴，中指放在食指上，拇指放在太陽穴（眉毛終點和外眼角之間向後一吋的凹陷處），輕緩施力，只要感到微微痠麻即可，食指以轉圈圈的方式按摩七次。接下來按摩魚腰穴（眉毛中央，下對瞳孔），手法同上，也是按摩七次。再來以相同方式按摩承泣穴（眼眶下緣，直對瞳孔）。按摩中，眼睛可以輕閉休息，注意指甲須剪短，雙手要洗淨，且不可按壓到眼球。

感覺好一些了嗎？只要工作中覺得眼睛痠澀疲勞，隨時都可以停下來自我

保健一番。

有些簡單的**食材也可以恢復我們眼睛的元氣**，例如：枸杞菊花茶，中醫認為枸杞有滋腎潤肺、補肝明目的功效，而菊花具有疏風清熱、明目解毒的用處。或是富含β胡蘿蔔素與維生素 A 的胡蘿蔔堅果汁，β胡蘿蔔素是維生素 A 的前驅物質，而維生素 A 又是視覺細胞中負責接受光線的視覺色素──「視紫質」的組成成分，其重要性可想而知。

有些人很愛喝胡蘿蔔汁，但β胡蘿蔔素等脂溶性維生素需要和脂肪一起作用，容易被消化吸收，因此最好加上牛奶一起喝。不過也不能過量飲用，當攝取過量時，會形成「胡蘿蔔素血症」，胡蘿蔔素會沉積在手掌或腳掌內的皮下脂肪，造成臉部或是手掌、腳掌泛黃，讓人以為你得了肝病。

有些人即使工作時已經注意保持了良好姿勢，但當時間一拉長，還是可能覺得身體僵硬。國內外都有開發家具的廠商注意到動態工作的概念，也就是不要一直維持同一姿勢，就像坐長途飛機時，需要定時站起來走一走的道理一樣。例如接電話時就站起來接，手腳可以全部動一動；定時去喝喝水，除了補充水分，也讓眼睛得以調整焦距，適時休息。

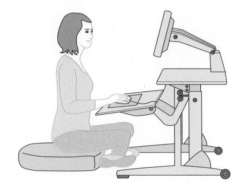

動態工作站，桌子可以變化，
讓人可以坐著或站著工作一段時間

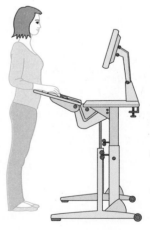

就眼科醫師的角度，適當的度數矯正對電腦視覺症候群來說非常重要。二〇一二年紐約州立大學視光學院羅森菲爾德（Rosenfield）博士發表的論文顯示，未矯正的散光會大幅增加電腦視覺症候群的發生比例。因此，最近在國內外也有針對電腦視覺症候群而研發的專用眼鏡，方式是將電腦自發光體的強光過濾，有些產品是專門過濾高能的藍光、有些產品則是依據每個人對於不同色系的耐受度，經檢查與試戴後，選擇不同色系的電腦專用眼鏡，除了濾光功能外，更加強了對比，使螢幕閱讀起來更加舒適。若個人使用電腦的時間真的較長，也可考慮相關的產品。

有人說，工作久了本來就會疲勞，這算是正常現象吧。不過阿拉巴馬州立大學視光學院進行的研究指出，針對使用電腦工作的族群，改善他們使用的環境並驗配電腦專用眼鏡，以效率增加五％計算，扣除檢查與眼鏡的費用，每位員工每年還可以替企業省下一千二百六十二美元。老闆們如果還不知道這件事，實在太可惜了；而員工們若不在意這件事，不僅無法增進工作上的表現，同時容易因過度使用電腦造成自己的疲累。所以，了解使用電腦螢幕可能造成的問題，並採取適當的對策，就可以在螢幕時代讓自己保持眼睛的明亮與活力，避免用眼過度的傷害。

我以臨床上所見的例子做結尾：三十歲的王小姐是個電腦工程師，每天上班必

須面對螢幕十多小時，只要一忙起來她就會忘了休息。她老是覺得眼睛痠脹不適，甚至頭痛。眼科門診檢查時，眼壓完全正常，光學檢查時也發現有未矯正的散光度數。經過詳細驗光，重新配戴眼鏡，並且對她說明電腦視覺症候群發生的原因後，王小姐採用定時休息的策略，並注意使用電腦的姿勢後，就大幅改善了她上班時經常不舒服的症狀。

④ 螢幕時代的護眼之道

現代生活中，我們大量使用 3C 產品，且各項電子產品之間的界線十分模糊：電腦可以用來上網、看電影；平板電腦可以用來看電子書、玩遊戲；智慧型手機可以上網、玩遊戲；最新型的電視甚至也可以拿來上網了。各項產品交互應用的結果，就是使得我們接觸螢幕的時間越來越長。「電腦視覺症候群」是美國視光學會在一九九五年定義的，隨著這些產品日漸普及，未來更廣泛的定義應該是「**螢幕視覺症候群**」。

這些新興現象對我們的影響目前尚難完全估計，但已經引發醫學界開始廣泛的

162

研究，例如：二〇一一年英國布里斯托大學亞戈（Jago）教授發表的論文指出，過去的研究發現看電視與兒童及成人的肥胖有關，但現今兒童使用螢幕的型態已不再局限在電視上，使用平板電腦、智慧型手機的行為越來越普及，現代兒童大多擁有多項螢幕產品，因此急需發展出限制使用多螢幕的策略。

同樣的，紐約州立大學視光學院二〇一一年的論文也注意到，現代電子產品螢幕上的字體都太小，會使得我們的工作距離縮短，引發過度的眼睛調節與內聚，加重眼睛疲勞的症狀，因此醫療人員必須考量患者使用眼時的狀況，給予近距離用眼時適當度數的調整。

很多手持式的 3C 產品都有適當的使用距離建議，國外稱這樣的距離為「哈門距離」（Harmon distance），又或是「手肘距離」（elbow distance），也就是手肘至中指第二指節彎曲處的距離。使用者握拳後以中指第二指節輕靠在眼角處，手肘末端的距離就是使用這些電子產品最適當的距離，這樣的距離不僅測量方法最簡單，也兼顧了大人與小孩眼睛調節力的不同。

類似這樣的研究將來會越來越多，主要都是針對螢幕對眼睛造成的影響。我認為，預防眼睛過勞的策略其實都一樣，**限制使用時間，多加休息，調整環境與使用**

中指第二指節彎曲處

手肘

哈門距離

姿勢，並驗配適當用眼度數的眼鏡，減少眼睛過度的調節，這都是很重要的方法。

另一項將逐漸進入我們視覺生活的新科技，就是現在最夯的立體電影與立體電視。它們的原理是利用進入兩眼的影像不同，藉雙眼的融像功能，模擬真實眼睛的像差，使大腦產生立體感。

雙眼在臉上的位置相距約六公分，因此視物時雖然看的是同一個東西，但由於位置與角度的差異，經大腦的融像功能處理後，會產生處在三度空間內具有上下、左右與前後之立體感的影像。這種立體感的高級視功能只有在猴子以上的高等哺乳類動物才逐漸發展起來，在人類身上達到完美的地步，我們因而得以正確獲得所有物體的方向、距離、型態、大小等概念，從而創造出文明。

多數人從前可能用紅綠眼鏡看過立體圖像，但它無法重現畫面色彩，因此現在的立體電影技術主要改採偏光的原理，將畫面分成水平偏光與垂直偏光的畫

164

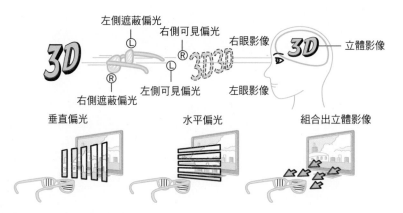

左側遮蔽偏光　右側可見偏光　右眼影像　立體影像
右側遮蔽偏光　左側可見偏光　左眼影像

垂直偏光　　　水平偏光　　　組合出立體影像

偏光鏡片式 3D 技術成像原理

面，分別投影，使用者在戴上偏光鏡片後，左右眼接收到的影像不同，因而產生立體視覺。

立體電視則是利用兩片重疊的液晶面板各自顯示水平與垂直的偏光畫面，以達到類似效果，但這樣做的成本太高了。所以目前臺灣市面上可見的做法是將螢幕表面配置水平與垂直的偏光片，以一半的像素顯示水平畫面，另一半像素顯示垂直畫面，戴上偏光眼鏡後也能有相同的效果，但畫面的解析度相對較低。

另一類主動式的立體眼鏡則是利用眼鏡內部晶片的控制，與電視畫面同步，分別開關左右眼的影像，當電視畫面顯示右眼的影像時，左眼的電子鏡片將會變黑，遮蔽左眼，反之亦然。當螢幕變動的頻率增高到每秒一百二十次，我們的眼睛就會產生立體視覺，但由於輪

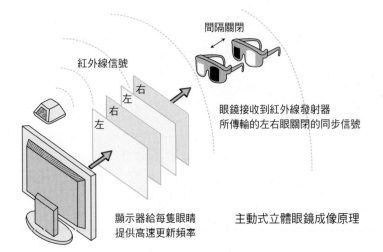

間隔關閉

紅外線信號

左
右
左
右
左

眼鏡接收到紅外線發射器
所傳輸的左右眼關閉的同步信號

顯示器給每隻眼睛
提供高速更新頻率

主動式立體眼鏡成像原理

相鄰的屏障則遮蔽使另一隻眼睛看不到。

槽讓每隻眼睛看到螢幕上的一道細條，但

在螢幕前面增加了有溝槽的屏障，每個溝

所謂「視差屏障式」（parallax barriers），是

這些裝置通常是利用兩種技術：一是

手機螢幕上。

年也逐漸出現在電子遊戲機、手提電腦和

像的接受度，最新的裸視 3D 技術近幾

為了降低眼睛的疲勞，增加 3D 影

疲勞。

激，都有可能引發過度的調節，造成眼睛

干缺點，頻繁的遮蔽、不同方向光線的刺

無論是何種技術，現階段都仍存在若

暗。

流遮蔽畫面的關係，因此影片的亮度較

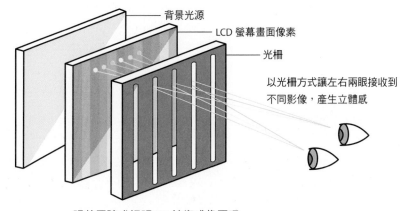

背景光源

LCD 螢幕畫面像素

光柵

以光柵方式讓左右兩眼接收到
不同影像，產生立體感

視差屏障式裸視 3D 技術成像原理

因此所有的溝槽集合在一起時，可以讓左右眼看到個別的畫面。

另一種則採用「柱狀透鏡式」（lenticular Lenses）技術，是透過一個個透鏡圓柱，將光線重新導向到每隻眼睛，以達成同樣的效果，就如我們小時候看過的立體貼紙一般的原理。這些裝置只能使用在有限的距離與視角，因此只能應用在較小的螢幕裝置上。

大的螢幕如電視，最新出現的技術則是利用攝影鏡頭觀察使用者的眼睛位置，並向雙眼投射不同影像訊號，或是借用高速處理的軟硬體技術，向觀看者同時傳遞最多九個影像，且每個影像都略有不同的角度，所以即使我們走來走去，在不同視

以柱狀透鏡改變影像方向，讓左右眼接收到不同影像，產生立體感

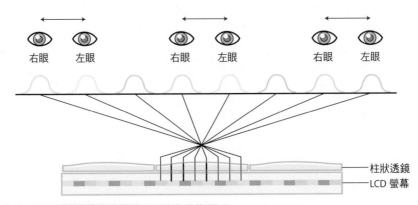

柱狀透鏡
LCD 螢幕

柱狀透鏡式裸視 3D 技術成像原理

角也能接收到 3D 立體影像。

這些最新技術都希望擺脫眼鏡，讓我們直接觀看，享受不同的視覺經驗，同時減少眼睛的疲勞。但是除了創造我們的視覺經驗外，要能普及的關鍵條件還是要能讓人們舒適的觀賞，不能造成眼睛的負擔。我想，這些技術還有許多改進的空間，就視力保健的角度，可能還需要一段時間觀察。

此外，這類立體逼真的畫面會透過雙眼讓我們覺得自己在運動，但負責運動本體感覺的感官——耳內前庭系統並未收到相關的訊號，容易造成知覺上的混淆，有些人會引發嚴重的暈眩與噁心感，此時若趕快把眼睛閉上，就可以舒緩不適，但這

也表示或許你不適合從事這樣的娛樂。

成年人可以自己調整使用時間或是休息，所以利用現代科技尋求感官的刺激，我並不反對。但我認為太小的兒童不宜長時間使用立體電視或是觀看立體電影，因為這些影片拍攝的視角並不會專為兒童考量（兒童兩眼間距離較小），而且兒童的耐受力相當強，即使疲勞不適也不一定會表達，因此造成的視力影響難以估計。最好等較佳的技術與更多的研究出現後，再讓小朋友從事這樣的娛樂。

➕ 梁醫師小百科

某則新聞報導，有民眾看了3D電影後誘發了青光眼。就眼科醫師的角度而言，這應該是病患本身就有青光眼體質，並非是看3D電影造成的。有些特殊體質的人，因為本身眼睛內部的排水口較狹窄，加上在暗室中瞳孔會放大，又或是3D影像變換頻繁，造成瞳孔忽大忽小，有時負責調控瞳孔大小的虹膜在放大或縮小的時候會卡住排水口，造成眼睛內液體排流不順，因而導致急性青光眼發作。

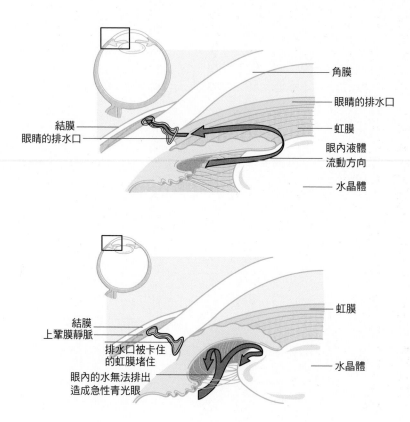

角膜

眼睛的排水口

虹膜

結膜
眼睛的排水口

眼內液體
流動方向

水晶體

虹膜

水晶體

結膜
上鞏膜靜脈

排水口被卡住
的虹膜堵住

眼內的水無法排出
造成急性青光眼

第5章

眼睛紅通通，鬧水荒！

❶ 你的眼睛有多乾？九十％和使用螢幕相關！

很多人整天眼睛都是紅紅的，或是到了比較晚的時候眼睛就會發紅，常會讓別人覺得你太過操勞，但奇怪的是，明明人還幹勁十足，為什麼眼睛先發動抗議了呢？

眼睛紅紅的當然表示有些輕度的發炎反應，在現代社會中這樣的情形大多都來自──乾眼症。

乾眼症？這不是老年人的專利嗎？

嗯，沒錯，過去確實認為是如此，二〇〇三年臺北榮總林佩玉醫師在醫學期刊中發表了臺灣地區大於六十五歲以上長者，三十三‧七％有乾眼症狀。韓國 Han 醫

師在二○一一年的調查中也發現，六十五歲以上的老年人口中三十三％具有乾眼症，且以都會的女性人口最多，因為女性荷爾蒙減少是乾眼症的危險因子。乾眼症最主要的原因是，年齡漸長造成淚腺的退化與控制神經的退化，同時造成淚液分泌量減少與眨眼次數的減少，使眼表面潤滑不足。

殊不知這些年來用眼環境的變化，早已讓乾眼症悄悄找上了還算年輕的你我，越來越多的年輕族群——電腦族、掛網族、低頭族都成了乾眼症發生的可能對象。

二○一二年波特羅（Portello）助理教授在紐約州立大學視光學院所做的研究發現，三十二％的電腦工作者會抱怨有乾眼的症狀。另外，希臘的摩可斯（Moschos）醫師做了一個有趣的試驗，他找了一群平均約三十歲的年輕人，讓他們連續使用電腦至少三小時，而在使用二·五個小時後，就有六十五％的受試者會開始覺得眼睛乾澀，有將近八十％的受試者會在使用電腦時或之後使用人工淚液以減少不適感。這比例還真高啊！

為何年紀輕輕就經常覺得眼睛乾澀呢？接下來，我將分析現代人容易得到乾眼症的原因。

先前提過，眼睛是非常特殊的結構，由於必須透光，因此眼睛最表層的眼角膜

是透明且內部沒有血管的，這樣的結構要如何獲得生物組織所需的氧氣供應呢？答案就是覆蓋在眼外表層僅約七微米（也就是〇．〇〇〇七釐米）的淚液。雖然淚液層這麼薄，幾乎讓我們感覺不到它的存在，但可別小看它，它能吸收大氣中的氧氣，含有許多保護眼睛的抗體，且是屈光系統的一部分，負責維持視力的清晰呢！

淚液層由三層結構組成，最外面是一層薄薄的油脂，能減少淚液的蒸發；中間厚厚的水層是淚液的主要成分，許多抗體就懸浮在水中，以對抗外界的髒汙與細菌的侵襲；最內則是黏液層，功能是將淚液吸附在眼睛表面不致流失。這三層結構以適當均勻的比例結合在一起，任何一層出問題都可能導致淚液品質不佳而容易乾澀不適。正常的眨眼功能可以補充這三層結構，並將成分混合後的新鮮淚液重新分布在眼睛的整個表面。

導致現代人常見文明病──乾眼症的原因主要有三個：首先是**使用電腦等螢幕設備時，眨眼次數會因為高度專注的視覺需求而自動減少**。為什麼眨眼次數減少，我們自己卻沒感覺？由於眨眼僅需花費〇．三秒的時間，眼皮蓋住瞳孔的時間僅約〇．二秒，若不是特意從旁觀察，恐怕無法察覺此一現象。根據研究，在自然的情形下，例如：在聊天時，眨眼次數為每分鐘十五～二十次，但在使用電腦或現代

3C產品時，眨眼次數便銳減為每分鐘五～七次，因而導致眼球表面長時間潤滑不足，產生乾眼或眼睛變紅發炎等症狀。

第二個可能的原因是**現代人的睡眠經常不足**。以西醫的觀點來看，睡眠不足會

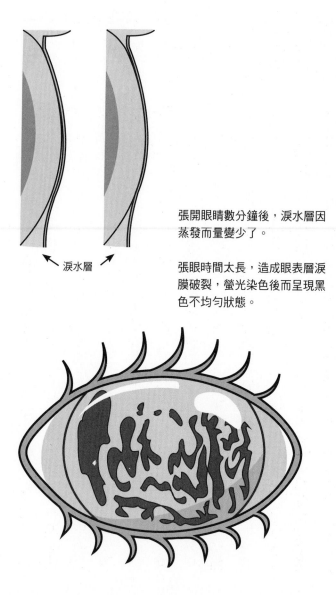

張開眼睛數分鐘後，淚水層因蒸發而量變少了。

← 淚水層 →

張眼時間太長，造成眼表層淚膜破裂，螢光染色後而呈現黑色不均勻狀態。

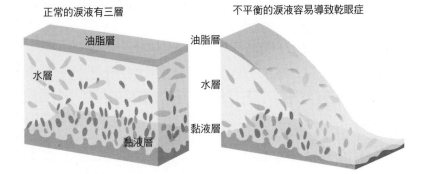

正常的淚液有三層　　　　　　　　不平衡的淚液容易導致乾眼症

油脂層

水層

黏液層

油脂層

水層

黏液層

導致淚腺休息不足、生理功能不佳，甚至眼瞼皮脂腺發炎，造成分泌油脂功能不佳，無法防止淚液快速蒸發，而不平衡的淚液遂造成乾眼。中醫則認為陰虛造成心火旺盛，上炎於目，因此乾眼症的人容易覺得眼睛經常熱熱的。

　　第三個原因是**長期過度的使用隱形眼鏡**。軟式隱形眼鏡由於材質的關係，必須做成高含水量才能透氧，一般情形下，若我們將隱形眼鏡放在桌面上，很快就會乾掉了。但放在眼睛上為什麼它不會乾掉呢？因為它正不斷的吸收我們眼表面的淚液，以維持含水量。所以長期配戴軟式隱形眼鏡容易造成眼睛過度乾澀，對原本已經有乾眼症的人，甚至更容易造成眼睛表面破皮，更嚴重的就會發炎疼痛了。日本的 Kojima 醫師在二○一一年進行過一項臨床研究，發現配戴軟式隱形眼鏡使用電腦等終端機

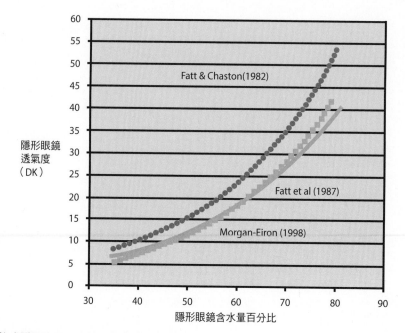

軟式隱形眼鏡含水量與透氧度的關係

產品超過四小時以上，就會造成淚液量明顯減少，而且產生不適症狀的頻率明顯高過沒有配戴隱形眼鏡者或使用電腦時間較短者。

當然，乾眼症還有可能是其他原因造成的，例如：自體免疫疾患、眼皮因老化而造成眨眼功能不足或無法緊閉的結構異常、某些藥物的使用、長期處於特殊環境（如較為乾燥、充滿強光或煙霧的工作場所）等。但大多數在門診中見到的乾眼症，九十％都是生活習慣造

成的，即使眼睛已經覺得乾澀，許多人來看醫師只是想確定一下沒有大問題，要他們減少使用３Ｃ產品，給自己充足的睡眠，或是減少使用隱形眼鏡，真是難上加難。

嚴重乾眼症會導致角膜乾裂破皮，影響視力，因為眼睛表面的免疫功能喪失，甚至有可能造成眼角膜感染而嚴重發炎，使角膜受到永久性的損傷，因此對眼睛乾澀的問題切勿輕忽，建議應諮詢你的眼科醫師，了解自己眼睛的狀況及乾眼症的成因與保護之道，才能保持眼睛長久水亮有神。

❷ 乾眼症的迷思

診斷乾眼症的方法，除了觀察疑似症狀，例如：乾澀、不適、眼睛發紅流淚外，還可以特殊光線觀察淚液層的厚度、淚液表層的穩定程度以評估淚液品質、以及眼睛表面是否已破皮，並做基礎的淚液分泌測試。淚液分泌測試是使用一張淚液分泌量試紙，將它放在眼球外穹窿處，閉眼休息五分鐘，觀察基礎淚液分泌的量是否足夠。若診斷後發現淚液分泌量很少，已達到乾眼症的程度，一般會先**建議使用**

染色部分為基礎淚液分泌的量

人工淚液治療。

一聽到要用人工淚液治療，許多人可能會有如下的迷思：「我聽說乾眼症不要常點人工淚液，因為會越點越乾！」

我常在診間聽到病患這樣說，可見這觀念真是深入人心。但我通常會這樣說明：「小姐，妳平時皮膚應該有擦保溼乳液等保養品吧？會什麼皮膚不會因此越擦越乾呢？」

對乾眼症來說，人工淚液的角色就像皮膚的保養品，理應不會讓你的皮膚越擦越乾，相反的，反而應該是皮膚保養得當、減少老化而保持水嫩才對。相同的道理，以人工淚液保養得當的眼睛也應該是這樣才對。

若已經有了乾眼症狀卻忽視或是故意不點人工淚液，反而造成眼睛慢性發炎，使得眼球

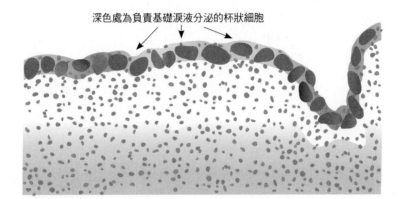

深色處為負責基礎淚液分泌的杯狀細胞

眼球表層結膜組織

表面負責基礎淚液分泌的杯狀細胞逐漸壞死而減少，眼睛當然會越來越乾。所以我們應該適當使用人工淚液滋潤眼睛以減少發炎，毋須擔心會因此影響眼睛分泌淚液的正常功能。

但為何會有人工淚液不能常點的這種迷思呢？其實這跟人工淚液中所含的防腐劑有關。所有罐裝的藥水都必須加入防腐劑，通常是一種小分子的抗菌成分，會破壞細菌的細胞膜結構。平時一天點用四次的眼藥水，防腐劑的濃度並不高，對於微生物生長也有抑制效果，但若眼睛很乾，一直點用人工淚液或是其他藥水，累積防腐劑的劑量就可能過多，濃度會提高到足以傷害眼球表層細胞結構的程度，反而有害。

這也是為何配戴軟式隱形眼鏡時不能點用一般眼藥水的原因，軟式隱形眼鏡因為材質需含水以透氧，很容易將眼藥水中的防腐劑引入自身結構的孔洞中，並累積在裡面無法排出，一旦點用太多藥水，防腐劑累積的劑量將會高到足以損傷眼角膜。

若真的眼睛很乾，需長期點用人工淚液，建議考慮使用較新式的人工淚液，其防腐劑成分已經做過修改。有的藥水用的是大分子防腐劑，不會進入軟式隱形眼鏡裡，有的藥水則強調點用後遇到外界光線會立即分解成水與氧氣，不會殘留在眼中。當然，還有完全不含任何防腐劑的單支小包裝人工淚液，更可以經常點用，不致造成眼睛負擔。

患有乾眼症的人若需要長期使用人工淚液保養，就像選擇保養品一樣需要注意成分，很多人也常點生理食鹽水，但生理食鹽水僅是水分，無法調整淚液組成，而較為先進的人工淚液，內含分有的可以修復淚水的黏液層，有的著重在降低因乾眼造成的淚液濃縮後的高張現象（指溶液滲透度高於體液而造成的反滲透現象），也有的著重於補充油脂層，使淚水不易蒸發。到底該選用哪種人工淚液，自然還是請教眼科醫師最清楚了。

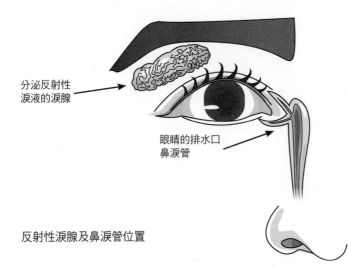

分泌反射性
淚液的淚腺

眼睛的排水口
鼻淚管

反射性淚腺及鼻淚管位置

另一個常見的迷思就是，有些人常抱怨流眼油，眼睛經常風一吹就流淚，醫師卻說是乾眼症，真是百思不得其解。

其實我們淚液的分泌分為兩大類：第一類是基礎分泌，也就是眼表面的杯狀細胞時時刻刻分泌以滋潤眼睛的淚水；第二類是反射性的淚水分泌，由淚腺因神經指揮而分泌的淚水，反射性的淚液會因為情緒或是外物刺激而流出。

多數人的乾眼症主要是基礎淚液不足，換言之，當基礎淚液分泌不足以保護眼球表面時，眼球表面因為得不到適當潤滑會乾澀破皮，一旦破皮

引發神經刺激，就會由淚腺分泌淚液，流淚不止。所以雖然明明是乾眼症，但卻很容易引起見光流淚或是遇風流淚的情形。

最後一個常見的迷思，就以一個典型的患者做例子：張女士看過多家眼科，總抱怨眼科醫師治療都沒效，雖然診斷出來都是乾眼症，且都開立人工淚液進行藥物治療，但仍經常覺得眼睛不適，點藥後雖然會好一點，但無法持久，一下子又不舒服了，而且整天眼睛都疲勞不堪，想閉起來休息。束手無策之下，她只好換一家眼科看看有沒有辦法根治。

我看了張女士的病歷，聽了她的用眼習慣，發覺她不但長時期配戴軟式隱形眼鏡，且長時間使用電腦等３Ｃ產品，更糟的是她還嚴重睡眠不足。我告訴她，由於她的生活與用眼習慣，使得眼睛休息不足而喪失功能，眼睛是真正的受害者。根治的源頭在於讓眼睛有充足的睡眠與休息，遵照健康使用電腦等３Ｃ產品的觀念，並減少配戴隱形眼鏡。若沒有改善生活習慣，造成眼睛乾澀疲勞的源頭無解，就算去遍全臺灣各家眼科診所、醫院，也不會有效果的。

❸ 戰勝乾眼症有祕方！

使用 3C 產品而造成的乾眼症該如何改善呢？

很多人用的方法是當覺得眼睛乾澀時就去洗洗臉，感覺會好一些。這其實是因為洗臉過程中有少許的水進入眼睛，補充了水分，而且洗臉時眼睛會緊閉，讓淚液層重新分布，所以症狀會得到改善，但持續的時間並不長。

有人喜歡使用廣告上常見的洗眼液，因為涼涼的，感覺很清爽，好像幫眼睛洗過澡，能暫時緩解眼睛的不適。我不反對使用這類產品，但提醒大家，**過度清洗反而會將結膜與淚液中保護眼睛的免疫成分沖洗掉**。就像我們過度洗澡，會把身體外在保護的油脂層洗掉，皮膚反而會變得更敏感。但次數多少才算是過度的清洗呢？答案還是必須視個人所處的環境與眼睛的狀況而定，最好是請教你的眼科醫師。

有些人的祕訣是點用出國時買的「小花藥水」，點一下，眼睛的乾澀與發紅都不見了。但這類藥水內含血管收縮素，雖然短期點用效果很好，眼睛立刻就不紅了。但長期使用，可能會造成血管慢性反彈擴張，使血管變得更粗。

事實上，對付乾眼症是有祕訣的，最重要的是平時對眼睛的保養。那麼，該怎

樣有效的保養眼睛呢？

由於使用 3C 等產品時造成眼睛乾澀與不舒服的主因，是因為自發性眨眼次數減少，因此讓眼睛保水最簡單的方法，就是一段時間停下來眨眨眼睛，讓淚液層重新分布。你可以乾脆閉上眼睛休息數分鐘，或是離開工作位置去喝水，除了幫身體補充水分，離開了電腦、手機等螢幕，眨眼次數自然會恢復正常，也算是幫眼睛補充了水分。

閉眼休息時可以加上眼球順時針或逆時針的轉動，或是先閉上眼睛再張開往上看，再閉上眼睛，再張開往下看，接著分別往左右看，進行眨眼運動與眼球轉動的搭配，效果更好。

另外，常聽到許多人說將掌心搓熱，將手掌拱起後覆蓋在眼睛上數分鐘，避免手掌直接壓迫眼球。這是因為掌心有所謂的勞宮穴，透過勞宮穴中人體自然的「氣」溫敷眼睛，有將眼睛自然放鬆，增進血液循環的效果。

乾眼症的患者特別忌食辛辣刺激性的食物，或是咖啡等容易造成睡眠品質不佳的飲品。抽菸太多也有相當程度的影響。飲食上可以適量補充富含β胡蘿蔔素的食物，例如：紅色、橙色、深黃及綠色的蔬果，像紅蘿蔔、番薯、菠菜等，由於β胡

蘿蔔素在體內會轉變成維生素 A，保持眼表面滋潤。而前面提過的枸杞菊花茶，更是傳統中醫與現代醫學都認為具有明目功效的茶飲。枸杞味甘，性平，入肝腎經，所以益腎養血，補肝明目，可以減少眼睛迎風流淚的情況；菊花味甘苦，性涼，入肺肝經，具有清熱明目等功效。中國醫藥大學張永賢醫師也曾對杞菊地黃丸做過臨床研究，認為對於淚液的油脂層與黏液層有較佳的保護效果。

西醫針對乾眼症比較建議的是補充魚油。魚油不是我們小時候吃的魚肝油，魚肝油富含維他命 A 及 D，現代人飲食上通常不虞匱乏，過量反而有害。而魚油主要含多元不飽和脂肪酸 ω_3，可以刺激淚液中水層的分泌，減少眼睛表面的發炎，維持淚液中油脂層的穩定性。醫學研究上認為對乾眼症有助益。一般服用魚油建議搭配維他命 E，以減少過度氧化，但須注意由於魚油有抗凝血功能，因此服用抗凝血藥物患者、肝功能不佳者、孕婦或預計接受手術者不宜食用。

除了點用一般的人工淚液與抗發炎藥物之外，比較有效改善的方法還有在眼睛內側的鼻淚管開口處，置放膠原蛋白的淚管塞，主要目的是讓淚水能夠較長時間的留在眼內，不至於太快排出，從而改善症狀。有些乾眼症較嚴重的病患使用後效果很好，可以減少使用人工淚液的頻率。淚管塞的成分主要為膠原蛋白，因此一段時

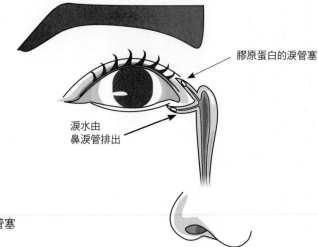

膠原蛋白的淚管塞

淚水由
鼻淚管排出

在鼻淚管置入淚管塞

間之後就會被吸收掉，不會留存在體
內。需要經常放置者，可以考慮放置永
久型的淚管塞。

治療乾眼症的最新藥物，是使用
免疫調節劑來抑制眼表面的發炎，使表
面杯狀細胞再生，進而使淚液分泌量增
加。研究亦顯示在使用數個月後，乾眼
的症狀改善，使用人工淚液的頻率亦降
低。我自己的臨床經驗也是如此，因此
針對較為嚴重的乾眼症，這項新的自費
用藥確實可以請眼科醫師評估使用。

少數十分嚴重的乾眼症或是與本
身免疫疾病有關者，還可以抽取自己的
血，離心後製備自體血清，拿來點用。
這是由於我們的血清中富含生長因子，

因此可以促進乾燥的眼表面癒合及淚液分泌組織的再生。這就像現在醫美中心使用的回春方式，藉由自體血清注射進入皮下，刺激膠原蛋白再生。但這已是屬於醫學中心等級的終極療法，或許不久的將來，我們能夠直接製備出生長因子，就不必抽血這麼麻煩了。

❹ 眼科醫師教你挑對隱形眼鏡克服乾眼症

談完了乾眼症，再來談談除了 3C 產品的過度使用外，另一個非常容易造成乾眼問題的隱形眼鏡的使用。

由於一般隱形眼鏡的驗配沒有任何管制，不需經過眼科醫師的檢查，一般人都可以輕易在眼鏡店裡買到各式各樣的隱形眼鏡，不像國外需要眼科醫師的處方才能購買，雖然很方便，但是卻不一定適合自己配戴，且十分容易造成眼睛的負擔，可說造成了相當多的問題。

再加上沒有正確的使用觀念，超時配戴、甚至忘了拿下就睡覺，清潔保養觀念不足，日拋變週拋、週拋變月拋、月拋變季拋、季拋變年拋的情形屢見不鮮。除

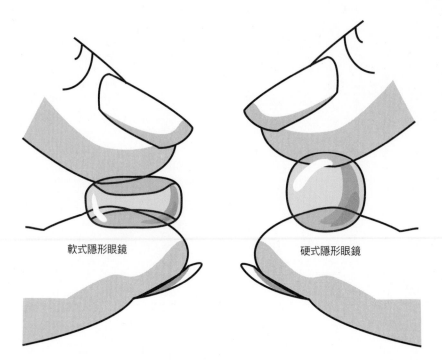

軟式隱形眼鏡　　　　　　硬式隱形眼鏡

了容易得到乾眼症，也常因不當的配戴方式，造成許多併發症。因此配戴隱形眼鏡前最好還是先聽聽眼科醫師的意見，選擇適合的隱形眼鏡，並且每半年定期檢查眼睛的健康狀況，才是最佳的配戴之道。

現在的消費者通常都是考慮戴隱形眼鏡時，直接上眼鏡行請商家推薦，但消費者的選擇不應只有價格上的考量，若能多了解一些相關使用與保養的知識，就能幫助我們在挑選隱形眼鏡時有更多依據。

現代隱形眼鏡的種類，可

以分為軟式與硬式兩種隱形眼鏡。多數人均選擇配戴軟式隱形眼鏡，原因是配戴起來較舒適，而且鏡片是水膠材質，容易浮貼在眼睛表面，驗配時不需要太多經驗，因此容易大量推廣。

硬式隱形眼鏡則不同，因為材質的關係，硬式隱形眼鏡配戴起來較有異物感，需要一段時間的適應期。且由於鏡片表面不會隨著眼睛改變形狀，驗配人員要如何找出較符合驗配者配戴的鏡片，在技術與經驗上的要求較高，有能力驗配者少，故較不易推廣。

既然硬式隱形眼鏡看起來缺點這麼多，為什麼沒有被淘汰掉而留存至今呢？這是因為它本身所具備的優點還是大過於缺點。首先，現代的硬式隱形眼鏡的材質是高透氧的矽膠鏡片，本身幾乎不含水，配戴後不會吸收眼睛本來的淚水，不容易造成乾眼症，對已經有乾眼症狀的人來說是較適合的選擇。其次，由於鏡片弧度固定，光學品質較佳，對於高度散光與高度近視患者較為合適，可以看得較清楚。此外，其光滑的鏡面材質較不容易吸附髒汙，配戴軟式隱形眼鏡容易引發過敏或是分泌物較多者，可以考慮改戴硬式隱形眼鏡。

硬式隱形眼鏡在驗配時可以調整鏡片的弧度與大小，相當於量身訂製，同時由

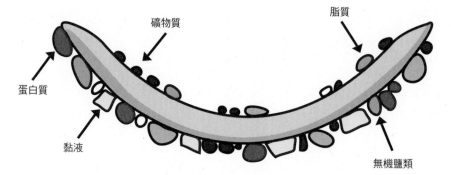

礦物質

脂質

蛋白質

黏液

無機鹽類

軟式隱形眼鏡鏡片上可能附著的髒汙，建議每日清潔時應搓洗鏡片

於此種鏡片較小，在眼表面的滑動程度較大，鏡片前後的淚液交換量大，供氧量充分，長期配戴比較不容易造成角膜慢性缺氧，是長期配戴隱形眼鏡的較佳選擇。

不過，對於只需要短時間偶爾配戴者，拋棄式的軟式隱形眼鏡卻是較佳的選擇，尤其是只有偶爾要戴著運動的人，不僅較方便也容易適應。軟式隱形鏡因為直徑較眼角膜大，風沙不易進入鏡片與眼鏡之間。

硬式隱形眼鏡因為比較小，風沙若進入隱形眼鏡與眼睛之間會造成刺痛感，必須立即取下。不過一般軟式隱形眼鏡透氧度較低，長時期配戴眼睛容易缺氧，導致產生新生血管。

軟式與硬式隱形眼鏡之間原本涇渭分明的界限，在近來材料科學與製程進步後，有了更多更好的選擇。軟式隱形眼鏡也逐漸使用高透氧材料──矽水

190

膠，使鏡片之透氧程度大幅提升。也有含水量較低（小於五十％）的選擇，造成乾眼症的程度也較輕微。硬式隱形眼鏡的異物感主要來自較小的鏡片邊緣容易接觸到眼瞼，在眼皮閉合時會造成不適。但近來已經能做出超高透氧且較大的硬式隱形眼鏡，配戴起來就如同軟式隱形眼鏡，大幅減少了異物感，接受度提高許多，甚至可以矯正許多過去難以解決的特殊角膜問題，例如：外傷造成的角膜不規則散光、圓錐角膜、雷射近視手術後之特殊併發症等。

通常眼科醫師會這樣建議患者選擇隱形眼鏡，例如：有輕微乾眼症的患者，可以優先選擇硬式隱形眼鏡，以減少對眼睛水分的吸收；若只接受軟式隱形眼鏡，最好選擇較低含水量的鏡片。本身有過敏性結膜炎的患者，硬式隱形眼鏡因為比較好清洗乾淨，也是優先的選擇；若是選擇軟式隱形眼鏡，則必須考慮低含水量與低離子性的鏡片，較不易沾附蛋白質，同時最好每日清潔時用手指搓洗鏡片，才能去除鏡片上可能附著的髒汙，並定時使用去蛋白酵素片。也有針對隱形眼鏡的研究指出，乾眼症患者若要配戴軟式隱形眼鏡，以配戴日拋型隱形眼鏡較好，因為清潔浸泡鏡片的藥水中的防腐劑對眼睛的長期刺激，也可能是造成乾眼症加重的原因之一。

近年來流行的放大片更讓愛美的女性趨之若鶩，特別是剛出社會的女性族群，由於護眼知識不足與對改變外貌的需求，常常將自己的眼睛戴到發炎、發紅仍然勇往直前。事實上，放大片只能偶爾戴，因為此種鏡片材質既非高透氧，內層或是外層又加上一層色素層以達到放大角膜的效果，這層色素層想當然只會阻隔透氧，並不會增加透氧，長期配戴下來，其結果當然是造成角膜缺氧，眼睛更是紅通通。

總而言之，眼睛長期乾澀的患者若能適應硬式隱形眼鏡，可以減少眼睛缺水的危機。若仍然必須配戴軟式隱形眼鏡，則應減少配戴時間，並使用高透氧、較低含水量的矽水膠隱形眼鏡。

第6章

不能說的祕密：眼睛的初老症狀！

❶ 你的眼睛有多花？看遠看近傻傻分不清楚！

老花眼真的是不能說的祕密。看看城市中如雨後春筍般出現的醫美診所，連大醫院也不能免俗的成立豪華醫美中心。人人都想變美、變年輕，這是一塊多麼大的市場啊！若是讓眼睛洩漏了年齡的祕密，豈不是遜掉了？

所以許多人即使有了嚴重的老花症狀，已經干擾到自己的生活品質與工作效率，卻仍不願承認這個事實，也不想辦法解決，就讓眼睛整天不舒服的抗議著。

說也奇怪，人明明看起來很年輕，不是美魔女就是輕熟男，為什麼接近四十歲，眼睛就開始不聽使喚？剛開始只是眼睛容易疲勞，想想應該是自己最近太累了。然後是使用電腦一陣子後，突然之間要看遠的東西會模糊，隔一段時間才會清

看遠　　　　　　看近

調節肌

看遠水晶
體放鬆

看近水晶體
膨脹以獲得
額外的調節力

楚。嚴重的話，眼睛經常痠脹不適，或是覺得度數不對了，遠的近的都看不清楚。

逐漸的，連看手機或是化妝品上的小字都很吃力，拿遠一點看還清楚一些。猛然有

一天吃飯時，連飯粒也看不清楚了，才想到來眼科看看好了。醫師檢查後，說這就

是老花眼，是年齡漸長的自然現象，沒有好方法解決。反正醫師說不是病，那就繼

續撐著吧！

為什麼人還不到四十歲就開始會有老花的現象了？我們之前提過，眼睛看遠看

近的能力是可以自動調節的。當眼睛沒

有度數時，看六公尺以外（即無限遠）

的物體很清楚，並不需要額外的調節

力，但要看五十公分左右近距離的電腦

螢幕，就需要使水晶體膨脹，增加調節

力。距離越近，所需的調節力（Diopter）

就越大，看五十公分的距離需要 2 D

的調節力（1/0.5m＝2 Diopter），而看三

十三公分內的距離就需要 3 D 的調節

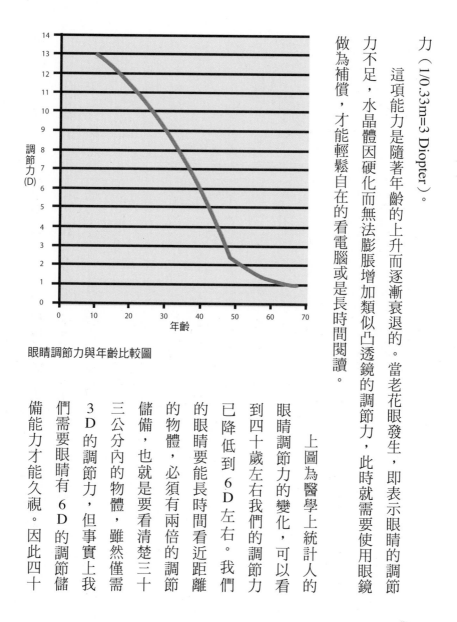

眼睛調節力與年齡比較圖

力（1/0.33m=3 Diopter）。

　這項能力是隨著年齡的上升而逐漸衰退的。當老花眼發生，即表示眼睛的調節力不足，水晶體因硬化而無法膨脹增加類似凸透鏡的調節力，此時就需要使用眼鏡做為補償，才能輕鬆自在的看電腦或是長時間閱讀。

　上圖為醫學上統計人的眼睛調節力的變化，可以看到四十歲左右我們的調節力已降低到6D左右。我們的眼睛要能長時間看近距離的物體，必須有兩倍的調節儲備，也就是要看清楚三十三公分內的物體，雖然僅需3D的調節力，但事實上我們需要眼睛有6D的調節儲備能力才能久視。因此四十

歲開始，調節力已經降到 6 D 以下，太近的東西就逐漸無法看清楚或是久視。

醫學上的研究顯示，一般人大約四十歲開始就有二十五度的老花，在四十～五十歲之間，每兩年會增加二十五度，五十歲以後老花增加的速度變慢，平均每八年增加二十五度。

很多人以為老花眼是老年人的專利，但眼睛是身體較早老化的器官，四十歲雖然正是年富力強，但眼睛就已經顯現老態。不但如此，現代人得到老花眼的時間更是越來越早，因為現代的生活型態造成過度的大量用眼，而且用眼的距離是越來越近。過去的辦公型態多是文件，現在則多以電腦為主，而大家已經知道螢幕會造成眼睛大量的負擔。過去的室內休閒可能多以電視為主，用眼的距離在三公尺左右，但現代人很多是使用智慧型手機，螢幕小、距離近，眼睛負擔更重。再不然就是休息時依然掛在網路上，使眼睛過度勞累，自然提早老化，年紀輕輕就顯現出老花的症狀了。所以千萬不要認為自己還沒老，不可能出現老花。

老花的出現跟平常的保養有關，因此我們不宜用眼過度，或是經常性熬夜、睡眠不足，導致眼睛休息不足。**過度使用是造成老花發生的最重要原因**，因為會造成調節能力的提早衰退，就像運動過度不會讓我們常保健康，也可能會造成傷害一

樣。此外，中醫認為晚上十一點以後就是養肝血的時間，晚睡會造成肝血不足，而肝又開竅於目，肝血不足，眼睛自然功能失調，使老花提早報到，就是中醫所說的「肝勞」。

在「二○○七臺灣民眾螢幕用眼情形與護眼認知調查」中，可以發現國人每週盯著螢幕的時間達三十七小時，有三分之一的人甚至超過四十九小時，這正是導致眼睛疲乏僵化產生提早老花的元兇。這現象不只發生在臺灣，南韓的眼科醫師亦指出，由於南韓民眾沉迷於使用智慧型手機，導致三十歲就出現老花眼的症狀。特別是在晃動的公車和地鐵中使用智慧型手機，更會讓眼睛感到疲勞。

臺灣超過四十歲的人口有八百七十萬人，占臺灣總人口數的三十八％，表示每十人就有四位可能面臨老花的窘境。很多人雖然已經有了老花的症狀，但為了不讓別人發覺這個說不出口的祕密，不願意對現狀做出調整，勉強自己的結果，造成眼睛整天脹痛不適，工作效率也低落。因此接下來我要教大家避免老花眼提早報到的方法，以及針對已經有明顯老花症狀的眼睛該有的妥善處理方法。當然，拜最新的眼科醫學所賜，要把老花眼藏起來，也是有可能的，這樣的進展將在以下詳述。

❷ 老花眼的迷思

許多人不想戴老花眼鏡，原因是聽別人說老花的度數會越戴越深，所以對戴上老花眼鏡是無比恐懼。

這是不正確的觀念。隨著年齡的增加，老花的度數會自然的增加，這才給人一種錯誤的印象，以為老花眼是戴了老花眼鏡造成的，且會越戴越深。但真正的事實是，不對自己已經有的老花度數做調整，反而容易造成老花度數的快速增加。因為若是不使用眼鏡做適當度數的補償，為了要看清楚，眼睛只好動用僅存的調節力，反而加速了眼睛的老化。就像年齡大了，骨質疏鬆了，卻沒有適當調養與休息，反而因為不服老，仍然強迫自己每天跑五千公尺一樣，做超過自己能力負擔的訓練，並不是鍛鍊與保養的適當方法。

另一個常見的錯誤觀念是：近視就不會有老花眼了。為什麼會有這樣的想法呢？

我們都知道近視的人矯正時用凹透鏡，老花眼需要聚焦的調節力，得靠凸透鏡來輔助。想像這凹凸透鏡的需求可以抵銷，因此輕度近視的人只需要將自己的近視

眼鏡摘掉，利用自己的近視度數去抵銷老花的度數，就可以看清近的東西，不需要配上老花鏡。但若是年輕時視力很好，沒什麼度數的人或是原本就遠視的人，就非得配上老花的凸透鏡，才可以將近的東西看得清楚。

近視的人跟大家相同，當然也會老花，同樣也都是發生在四十歲左右。只是很可能你看到的是他把近視眼鏡摘掉，而非戴上老花眼鏡，才會有這般的錯誤理解。

原則上，一個人看近距離所需要的調節力是三百度左右，當我們的調節力隨著年齡逐漸衰退至完全沒有調節力，所需最多的老花度數也就是三百度左右，因此理論上，輕度近視三百度左右（即第二章提及的「完美近視」）的人是終身不需配老花眼鏡的，只要將近視眼鏡摘掉，就擁有了這一生所需的老花度數。

但很多人勉強自己不戴老花眼鏡，又不願意對眼睛做保養，常常會造成許多臨床上常見的功能性問題，以下舉幾個例子：

四十八歲的林小姐是個銀行上班族，以前都是用手工抄單，近幾年全面電腦化後，原本八百度的近視，在最近一次測量已經加深到了一千一百度。因為不想戴眼鏡，所以她每天都戴著軟式隱形眼鏡，造成眼睛更加乾澀，也看不清楚。我建議她改用多焦點的硬式隱形眼鏡後，一舉解決了她長期眼睛乾澀、缺氧、不適與老花等

問題。

五十多歲的林女士完全不戴眼鏡，上午活力十足，可是一到了下午眼睛就會痠痛不適，檢查後發現是老花加重的問題，在驗配了適當度數的老花眼鏡輔助後立刻又恢復了活力，和朋友出去玩、買東西、唱歌也不再因看不清楚而傷腦筋。

三十九歲的張先生工作時主要以使用電腦為主，每天至少十小時以上，經常造成眼睛脹痛不適。經過檢查後，發現他眼鏡的度數配得太足。右眼配了近視六百度，散光配了一百度，左眼配了六百五十度，散光配了七十五度。而經驗光檢查後，右眼應為六百度、散光一百二十五度，左眼為六百二十五度、散光一百二十五度。度數充足的眼鏡是為了讓人看遠很清楚，但**使用電腦是中距離活動，並不需要這麼充足的度數，度數太足反而又引發調節**。再加上張先生已經接近四十歲了，調節能力本來就減弱，因此容易出現脹痛不適的情形。許多人覺得眼睛脹，都直覺以為自己得了青光眼，殊不知只是用眼過度罷了。只要針對老花與中距離的用眼需求，驗配中近距離電腦專用眼鏡即可。

四十二歲的吳先生最近覺得戴眼鏡看電腦非常吃力，字小一點就完全看不清楚，非要把眼鏡摘掉，靠近才能看到，同時開車看遠時也覺得怪怪的，目前配戴的

近視四百度眼鏡，已經四、五年沒有調整過度數，經檢查後才發現現在的近視度數只剩下三百五十度，並非過去的四百度。確實，在老花眼發生後，有些人的近視度數甚至會減少，這是因為眼睛過去調節力太強的緣故，因此越接近四十歲，越要檢查一下度數可能的變化。

以上的例子都是四十歲左右的人容易發生的眼睛問題，由於幾乎所有人在四十歲左右都會出現調節機能變弱的現象，因此數年前配的一般眼鏡很可能度數不對了，造成遠的看不清楚，近的也看不清楚。因此，應趁這個時機請眼科醫師做一次完整的眼睛健康檢查，一方面可以測量正確度數並調整眼鏡，另一方面可以徹底了解一下自己眼睛的健康狀態，同時針對眼睛的現況做保養。最要緊的是，要避免用眼過度，好好珍愛自己的靈魂之窗，才能適應這個螢幕時代！

❸ 看遠看近，可否一副搞定？眼科醫師教你聰明配好眼鏡

有的人撐了很久才終於接受老花的事實，有的人希望工作順利完成，不要經常因看不清楚而出錯，有的人想玩玩時下年輕人流行的智慧型手機或平板電腦，這時

他們便希望替自己的眼睛尋求配鏡上的輔助，才發現自己什麼都不懂，不知道該如何替自己挑選適合的老花眼鏡。

只是，從來沒人教過大家該怎麼選擇老花眼鏡，都是眼鏡行老闆或店員說怎麼配就怎麼配，我們能掌握的只有預算而已吧！真的是這樣嗎？

要是能夠參考一下眼科醫師的臨床意見，應該是不錯的建議，但醫師常因病人太多，沒辦法很仔細的說明選擇老花眼鏡的原則。因此，接下來就讓我說明一下眼科醫師對配鏡時的實用建議。

配老花眼鏡時，最重要的莫過於清楚知道自己的需求。因為老花的眼睛無法調整焦距，因此眼睛看遠、看中或看近都需要不同度數來補償。

舉例而言，一位四十多歲的電腦工程師，有近視六百度，因此他開車看遠時需要六百度左右的近視眼鏡；而看電腦屬於中距離，約需要一百度的凸透鏡來幫助聚焦，近視眼鏡為六百度的凹透鏡，在凸透鏡中和凹透鏡一百度的度數後，他需要五百度左右的近視眼鏡來操作電腦才會感到舒適。但是閱讀字體較小的文件報告時則屬於近距離，需要約一百五十度的凸透鏡，因此在看書或文件時需要約四百五十度的近視眼鏡。

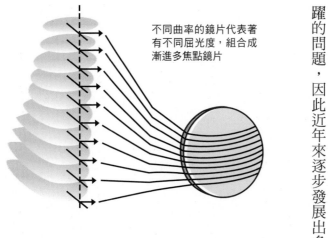

不同曲率的鏡片代表著有不同屈光度，組合成漸進多焦點鏡片

這樣聽起來，廣告中的「遠中近一副搞定」最適合他了！但真是如此嗎？

我們先了解一下多焦點鏡片的結構。過去的老花眼鏡通常使用雙光鏡片，由於鏡片中間有線，使得美觀上打了折扣，且光學上兩個不同度數轉換之間常有影像跳躍的問題，因此近年來逐步發展出多焦點老花鏡片。

多焦點鏡片就像是由許多不同曲率的鏡片組合起來的鏡片，如上圖所示。不同曲率的鏡片雖能合成為一個鏡片，但鏡片的邊緣是無法維持相同曲率的，因此鏡片周邊會產生影像的變形。

了解了鏡片的構造後，我們可以清楚知道：遠中近一副搞定的多焦點眼鏡，基本上較適合日常生活使用。例如：出門開車需要用到遠方視力，到了超市買東西要看一下有效日期或是化妝品、藥瓶上的說明小字時就很方便，看儀表板的中距離也不會有問題。但這樣「遠中近一副搞定」的眼鏡拿來上班時戴會不會有問題呢？

多焦點的鏡片設計結構

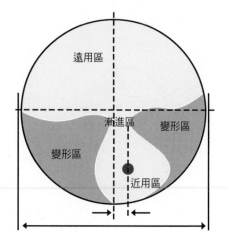

多焦點鏡片的應用

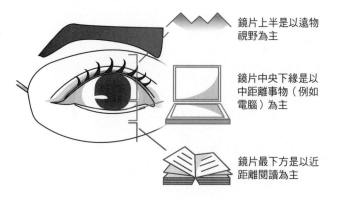

鏡片上半是以遠物
視野為主

鏡片中央下緣是以
中距離事物（例如
電腦）為主

鏡片最下方是以近
距離閱讀為主

有的，如下頁圖所示，因為上班時看電腦都是中距離用眼，所以戴了多焦點眼鏡就必須仰著頭看，久了脖子會痠，也無法久視。現在有了針對辦公室專用的中近距離多焦點鏡片，變形區的範圍非常小，幾乎不容易察覺，對於經常坐在辦公桌看電腦的人，真是最佳選擇。

時下的多焦點鏡片因為製造技術上的進步，有了許多不同的設計，簡單說就是求取變形區與視野區的平衡。在過去驗配眼鏡時，通常都建議鏡框不能太小，但現在也有適合小框多焦點鏡片的技術出現了。不過使用多焦點鏡片的人，初期都有對於眼位和頭位的適應過程。用單焦點鏡片時，戴者可向下轉動眼球，透過鏡片下方去看地面和樓梯；看書時，可以收起下巴，使視線透過鏡片的中心來閱讀。可是當戴上多焦點鏡片時，這個習慣就必須改變。戴鏡者必須低下他的下巴，透過鏡片的中心去看地面才能看清，而看書時必須向下轉動眼球，透過鏡片的下方閱讀。這是從單焦點鏡片轉移到多焦點鏡片初期必須經過的適應過程。

這樣的適應過程越早開始越好，因為當老花度數增加，即漸進區通道的變化度數越多，變形區範圍便會越大，因此較早開始戴漸進式老花鏡的人較能適應老花度數增加時鏡片的變化。若輕度老花時不想戴，到了五十多歲時老花度數很高時才想

傳統老花眼鏡　　　　　辦公專用近距離　　　　辦公專用中距離

遠中近一副搞定，遠的部分很好，但中與近距離可視範圍小，不能長時間使用於辦公

專門針對近距離大量工作者，遠距與中距離為輔助用

專門針對大量中距離的電腦使用者，使用電腦時非常輕鬆舒服，短時間近距離閱讀文件也沒有困難

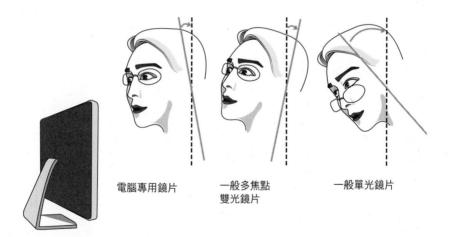

電腦專用鏡片　　　　　一般多焦點　　　　　　一般單光鏡片
　　　　　　　　　　　雙光鏡片

針對人體工學設計清晰範圍，電腦專用鏡片能保持頸部在最舒適的 15° 前視角，視野清晰，更能降低肩頸的痠痛

戴，就不一定能適應了，也就不能享受這種鏡片帶來的好處。因此**建議越早配戴漸**

進式多焦點的老花眼鏡越好。

不過，有些人較難適應多焦點的老花眼鏡，例如：頭頸特別短的人仰頭較困難，難以使視線透過鏡片加光區的底部，而肩、頸及背部患有關節炎的病人也很難適應漸進式鏡片；坐姿不良、背部過彎的人應用漸進式鏡片時也不會很滿意；經常暈車、暈船、暈機的人，可能需要較長的時間來適應這樣的鏡片；還有就是兩眼視差很大或散光度數很高的人也較不適用。

另外，瞳孔過大的人對漸進區兩側的像差較為敏感，當他們向兩側看時會帶來困擾，比如：當駕駛汽車從兩側照後鏡中觀察後方時便會發生這種情況。再來就是有些職業對視力有特別的要求，例如：工程師的工作對頭、眼的位置有特殊的需求，會計師則需要掃視視線很寬的帳簿，建築師和其他使用大圖紙的職業，都可能要在挑選鏡片的近用區域寬度時加以考量，才能配得合適滿意。

多焦點鏡片在臉上的定位極為重要，在製作上對鏡片也有較為精密的要求，這時就要考驗驗配的功力了。

如果你也打算配副多焦點眼鏡，記得先考量自己對於遠中近的生活需求，以及

以何者為主，再來詢問配鏡上有哪些選擇，比較能配到適合你的多焦點眼鏡喔！

④ 將老花眼藏起來的方法

要怎麼樣對抗老花眼這個大自然的規律呢？就像時下很夯的醫美觀念一樣，想要保持年輕，當然要趁早保養。

眼睛要怎麼保養呢？很少人倡導這樣的觀念，所以多數人都等到老眼昏花，才驚覺自己年紀輕輕怎麼已經有老花眼了。保養眼睛、延緩老花的方法，除了避免用眼過度外，還有幾個簡單的保健方法喔！

在飲食上，應多吃含有豐富蛋白質、維生素和微量元素的食物，如：桂圓、大棗、黑芝麻、木耳、何首烏、蓮子、核桃、香菇等，少吃動物性脂肪及膽固醇含量高的食物。

眼睛的保健運動可以這樣做：單手伸出食指，放在眼前約十五公分的位置固定好，首先凝視著指尖，再順著指尖望到最遠處，然後停留。每次望遠望近約停一秒，一近一遠交互算一次，每五次算一回。每天盡量做十回以上，每到休息時間就

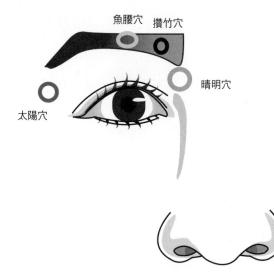

魚腰穴　攢竹穴

晴明穴

太陽穴

做個幾回，能讓眼睛的遠近調節活化。

按摩眼周穴道也有緩解老花眼的保養效果：閉上眼睛，以雙手的中指按壓太陽穴，無名指按壓眉毛中間的魚腰穴，小指對準眉毛內側的攢竹穴，施力適中。每次五分鐘，就能使疲勞解除、眼睛明亮。

或是按壓晴明穴：同樣閉上眼睛，食指指腹按在眼內角上方一公分的凹陷處，上下按摩，重複進行半分鐘即可。注意勿按壓到眼球。

平時上班可以**用熱茶水熏眼**：選用杯口比眼眶大的保溫杯，以沸水沖泡適量茶葉或枸杞，將保溫杯

放在桌上，兩手握住，低頭熏眼，高度自覺舒適即可，利用休息時間熏個十分鐘。

對眼睛溫敷也可以避免眼睛過勞：利用每晚洗澡時間，閉上眼睛，以溫毛巾溫敷眼睛五～十分鐘。當然，下班後若有空，打打桌球也是活化眼睛調節肌肉很好的運動。

另外建議你**每年至眼科做一次驗光與視力檢查**，以確定使用正確的度數，也可避免因度數變化後，眼睛看東西需要額外補償不正確的眼鏡度數而造成的過勞。雖然人有點年紀之後，眼睛難免稍稍不聽使喚，但只要不過度使用，提早保養，老花的症狀就可以減輕不少喔！

但如果已經有了明顯的老花眼症狀，有沒有可能將老花眼藏起來不讓別人知道呢？一定有很多人想知道這個不讓年齡洩漏的祕密吧？以下就介紹幾個讓你的眼睛看起來很年輕的方法。

想要將老花眼隱藏起來，可利用現代光學科技發展出的各式各樣漸進式多焦點隱形眼鏡，對經常使用隱形眼鏡的族群來說，真是一大福音。例如：硬式隱形眼鏡已經發展出具有漸進式多焦點非球面鏡片的設計，可以提供較佳的近距離視力，又沒有一般老花眼鏡鏡片周邊具有變形區的問題。對於度數深、眼睛較乾、散光度數

較高的人是很合適的選擇。

當然，若很難接受硬式隱形眼鏡所帶來的輕微異物感，出產軟式隱形眼鏡的知名大廠目前都已有針對老花眼的獨特設計，同時它們的鏡片材質也逐漸趨於更高透氧度與較低含水量，以減少中年以上較常出現的乾眼症狀。在鏡片的設計上則各顯神通：有的鏡片中心主要負責看近，外側則負責看遠；有的鏡片則是中心負責看近，外側負責看遠；還可依照個人的用眼習慣與老花程度，選擇根據不同距離增加度數的老花鏡片。有些地方甚至能提供試戴服務，可以更清楚掌握自己對這樣特殊設計的隱形眼鏡之適應程度。

由於這樣的隱形眼鏡設計上非常多樣化，因此建議先由眼科醫師了解個人的生活形態與視覺需求後，再選擇適當的隱形眼鏡。

年輕時視力很好、沒戴眼鏡的人有了老花後，通常很難接受自己要戴上眼鏡。很多人選擇乾脆不看報紙雜誌，或是把螢幕的字體放大。其實現代眼科醫學非常進步，這樣的人可以有兩種選擇：一種是類似準分子雷射近視手術的雷射老花手術，改變角膜的曲度以達到看近的效果；一種則是更新的鞏膜微整型手術，利用特殊的雷射光，照射黑眼珠旁的白色鞏膜，使鞏膜恢復彈性，自然使調整能力增加，這是

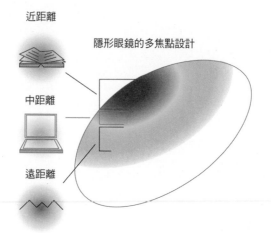

近距離

隱形眼鏡的多焦點設計

中距離

遠距離

對老花矯正極具希望的新式微創手術。

針對年老且已經有白內障的族群，則會在進行白內障手術時植入多焦點的人工水晶體。新式的人工水晶體是利用光學原理將遠與近的影像形成兩個焦點，植入者在大腦學習後便能掌握這兩個焦點，看清楚遠與近的物體。這對現代人來說真的很方便，彷彿又恢復了年輕時的視力。所以有些時尚的爺爺奶奶做了白內障手術後，反而比有老花眼的爸爸媽媽看東西還要更清楚方便，就是因為裝了最新的人工水晶體的緣故喔。

老花的症狀確實惱人，因此應該趁年輕時就注意眼睛的保養。使用 3C 產品雖是我們無可避免的生活方式，但正確使

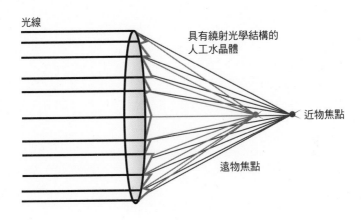

光線

具有繞射光學結構的
人工水晶體

近物焦點

遠物焦點

用這些產品，可以減少對我們眼睛不當的影響。藉由本書的介紹，了解正確的保健觀念，讓我們這些螢幕世代在這個螢幕時代裡，做個快樂的用眼人。

附錄

梁醫師角膜塑型健康教室

角膜塑型術是近年最夯的近視控制方式，原因是它比較符合眼睛正常運作生理。換言之，它不會造成畏光與調整焦距不良的問題，小朋友也能擁有較好的生活品質。我說過，點散瞳劑是大人輕鬆、小孩辛苦，但戴塑型鏡片則相反，小孩輕鬆、大人辛苦。但看到小朋友能夠方便的控制近視度數，在戶外快樂活動又能看得清楚，辛苦一點應該也是值得的吧！

不過，配戴角膜塑型鏡片有較多需要注意的地方，才能使配戴角膜塑型片既輕鬆又安全，因此本書附錄就將我臨床上驗配與自己配戴角膜塑型片多年的經驗，分享給家長參考。

鏡片戴上方法

一、徹底洗淨雙手，並養成從同一邊開始配戴的習慣，指甲剪短並修整，選擇在桌面進行較好，桌上平鋪一塊乾淨的白色毛巾及鏡子，以防鏡片掉落而遺失。（若在浴室裡配戴，務必將排水口封閉，以免鏡片掉落流失。）

二、從鏡盒中取出鏡片，使用生理食鹽水沖淨，並輕搓數下將護理液搓乾淨。食指擦乾後，將鏡片放在右手食指上，凹面朝上。

三、先在眼睛裡點一滴舒潤液或人工淚液，鏡片凹面也點一滴後再戴上，可減少配戴時氣泡的產生，並避免鏡片與角膜直接接觸摩擦。

四、面對鏡子，用左手中指繞過頭部撐開上眼皮並固定睫毛，用右手中指拉下眼皮，雙眼眼睛

向前看並盡量注意自己的眼睛，將鏡片輕放在角膜上，確定鏡片戴在角膜上後，右手中指先放開，眼球向下看，再慢慢放開左手中指。切勿快速轉動眼球或眨眼，以免鏡片掉落。

五、每次配戴前需先仔細觀察鏡片有無破損、異物或明顯沉澱物；若鏡片已有破損或沉澱物則須停戴。

六、初期配戴時容易因為眼睛轉動，使鏡片滑脫出黑眼珠的位置，因此就寢前要再一次確認鏡片是否在黑色眼球上，萬一不見了也不必緊張，先對眼睛點一下舒潤液或人工淚液，眼睛閉上，以手指輕觸上下眼皮周圍確認鏡片位置，眼球往鏡片所在之反方向轉動即可看到鏡片，建議以吸棒吸出，並再度沖洗後重戴。

鏡片取下方法

一、起床後，先點一～二滴舒潤液或人工淚液至眼睛裡，不要再繼續睡覺。可先刷牙洗臉，約五分鐘後，輕微眨眼並觀察鏡片有無上下輕微滑動，同時可確認鏡片是否確實還在黑眼珠上。

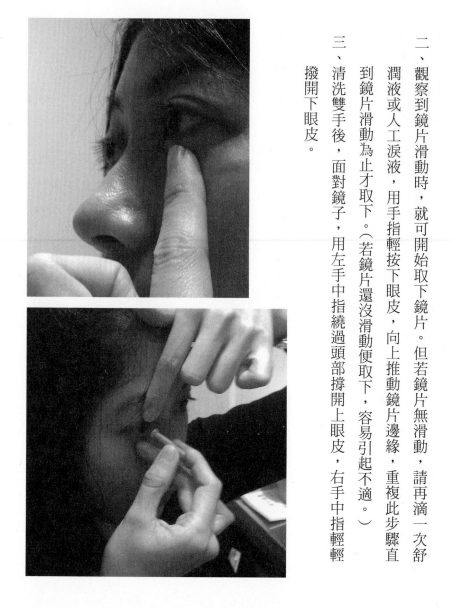

二、觀察到鏡片滑動時，就可開始取下鏡片。但若鏡片無滑動，請再滴一次舒潤液或人工淚液，用手指輕按下眼皮，向上推動鏡片邊緣，重複此步驟直到鏡片滑動為止才取下。（若鏡片還沒滑動便取下，容易引起不適。）

三、清洗雙手後，面對鏡子，用左手中指繞過頭部撐開上眼皮，右手中指輕輕撥開下眼皮。

四、右手食指及拇指拿吸棒，滴一滴人工淚液在吸棒上，手勢呈九十度，慢慢接觸鏡片，輕輕垂直吸附鏡片後，即可取下。

鏡片護理方法

一、接觸鏡片前，務必洗淨雙手。鏡片取下後，於手掌心進行清潔時，將鏡片凹面朝上，滴上三～五滴清潔藥水，以食指或無名指輕輕搓洗鏡片正反面各約三十次以上，再以生理食鹽水沖洗鏡片至沒有滑溜的感覺為止。

二、浸泡鏡片之護理液一定要每日更新，絕不可重覆使用，浸泡高度約為盒子的三分之一，並注意保養藥水的使用期限為開封後三個月內。

三、每星期可用紙軸棉花棒沾生理食鹽水，以繞圈方式清潔鏡片中央內弧，以避免蛋白質沉積。

四、若檢查鏡片時，發現蛋白質沉積較多，則依醫師建議使用去蛋白酵素液或特殊去蛋白藥水。

五、禁用洗碗精、肥皂粉或任何未經醫師認可的清潔液來清洗及浸泡鏡片，也**絕不可以使用自來水浸泡鏡片**。因為自來水中可能含有致病菌，容易造成

眼睛的感染，不可不慎。

六、鏡片要浸泡至少四小時後才可配戴，鏡片保存盒與吸棒建議每三～六個月定期更換。建議每日均以生理食鹽水沖洗鏡片保存盒及吸棒並風乾，每週至少以鏡片清潔液清洗鏡盒與吸棒一次。

七、若時間允許，早上取下就搓洗鏡片較好，如此較容易將鏡片上附著之沉積物去掉。但若時間不允許，早上先更換護理液浸泡後，晚上配戴前再搓洗也是可以的。鏡片只要輕輕搓洗即可，不需過於用力，以免產生破損。

八、到目前為止，搓洗鏡片還是眼科醫師們公認最有效清潔鏡片的方式，不建議以任何機器取代。利用生理食鹽水沖洗鏡片，其中的鹽分不會像坊間謠傳的那樣傷害鏡片，要知道鏡片幾乎不含水，鹽分不會進入鏡片中。而且，生理食鹽水中所添加之防腐劑是有效之抗菌成分，但建議在一週內使用完畢。

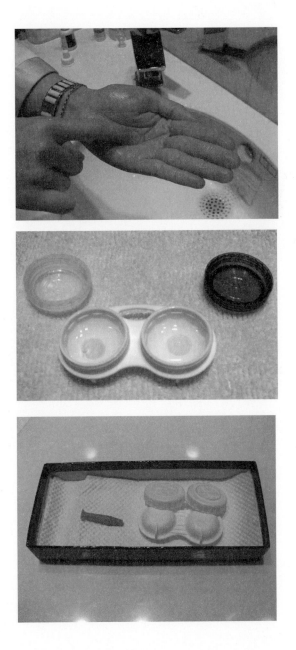

配戴角膜塑型鏡片均建議定期回診檢查，回診檢查的目的主要有三：一是確認近視是否控制穩定，通常會藉由定期測量視力是否保持清晰穩定來評估。

第二則是檢查角膜有無任何發炎受傷，確保配戴的安全性。特別要注意配戴時若有任何不適，均應至眼科醫師處檢查後再配戴。千萬不可以因為要看清楚而勉強配戴，反而造成危險。

第三則是檢查鏡片是否清潔乾淨。鏡片若是乾淨，不容易磨擦眼睛造成發炎，一旦輕忽鏡片的清潔保養，造成蛋白質沉積，表面會變得粗糙而容易導致眼睛破皮發炎，塑型的效果也會變差。因此一定要養成定期讓眼科醫師檢查鏡片的習慣，才能確保安全。

配戴角膜塑型片的小朋友，通常是不願意戴眼鏡的患者，但我還是建議應該要有一副備用眼鏡。因為有時短期旅遊或是畢業旅行，不一定方便將塑型鏡片隨身帶著。更重要的是，有時眼睛

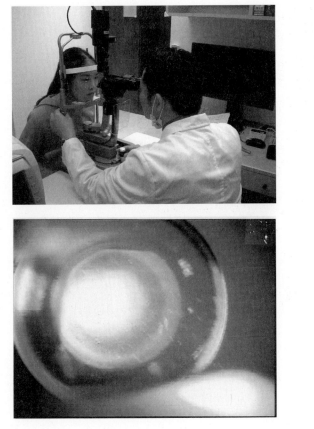

會因過敏搓揉或鏡片清潔不佳而造成發炎不適，若此時沒有備用眼鏡而無法停戴休息，可能會造成更嚴重的感染發炎。因此，為了配戴角膜塑型鏡片的安全起見，應諮詢眼科醫師，驗配一副備用眼鏡帶在身邊比較妥當。如此一來，才能快樂又安全的享受塑型鏡片帶來的控制近視的優點。

Care系列 015
救救孩子的惡視力——小小低頭族的護眼之道

作　者——梁智凱
插　畫——王佩娟、盧秀禎、易祖伊
主　編——顏少鵬
責任編輯——李國祥
責任企畫——張育瑄
發行人
董事長——孫思照
總經理——莫昭平
總編輯
第二編輯部——李采洪
出版者——時報文化出版企業股份有限公司
一○八○三　台北市和平西路三段二四○號三樓
發行專線——(○二)二三○六—六八四二
讀者服務專線——○八○○—二三一—七○五・(○二)二三○四—七一○三
讀者服務傳真——(○二)二三○四—六八五八
郵撥——一九三四四七二四時報文化出版公司
信箱——台北郵政七九~九九信箱
時報悅讀網——http://www.readingtimes.com.tw
電子郵件信箱——newlife@readingtimes.com.tw
第二編輯部臉書——時報出版正之／http://www.facebook.com/readingtimes.2
法律顧問——理律法律事務所陳長文律師、李念祖律師
印　刷——盈昌印刷有限公司
初版一刷——二○一三年二月一日
定　價——新台幣二八○元

⊙行政院新聞局局版北市業字第八○號
版權所有　翻印必究（缺頁或破損的書，請寄回更換）

國家圖書館出版品預行編目資料

救救孩子的惡視力 / 梁智凱著 . -- 初版 . --
臺北市：時報文化，2013.2
面；　公分 . -- (Care系列；15)

ISBN 978-957-13-5716-4(平裝)

1. 眼科　2. 視力保健

416.7　　　　　　102000491

ISBN　978-957-13-5716-4
Printed in Taiwan